NOTICE HISTORIQUE DE L'ANJOU

Par LANDAIS,

Inspecteur primaire, Officier d'Académie.

I. — LES ANDES.

Premier siècle avant Jésus-Christ. — Parmi les peuplades qui occupaient la Gaule au premier siècle avant l'ère chrétienne, l'une des plus importantes était la tribu des *Andes* ou *Andégaves*, qui habitait le territoire connu depuis sous le nom d'Anjou.

Les Andes avaient pour voisins, au nord, les *Cénomans*; à l'est, les *Turones*; au sud, les *Pictones*; à l'ouest, les *Vénètes* et les *Namnètes*.

Documents historiques. — De ces temps reculés aucune chronique ne nous est parvenue : les anciens Gaulois n'écrivaient pas. Les monuments celtiques, les armes, les médailles sont les seuls témoins de cette époque à peine civilisée.

On a découvert des fragments de poteries noires à Angers et près de Beaufort; des pièces de monnaies au faubourg de la Chalouère, à Angers, à Saumur, à Combrée, et dans d'autres localités. Ces pièces de monnaies, d'un module qui ne dépasse pas 20 millimètres, tantôt coulées, tantôt frappées au marteau, sont en or, en argent, en cuivre, ou en potin. Elles étaient imitées des monnaies grecques, importées d'abord sur les rivages méditerranéens.

Habitations. — Les rochers de tuf et de pierre coquillière du Saumurois et des Mauges fournissaient aux Andes leurs cavernes naturelles ; ailleurs ils demeuraient dans des cabanes couvertes en pierre ou en paille. En temps de guerre, les populations se réfugiaient dans des camps retranchés, ordinairement sur des hauteurs, au confluent de deux cours d'eau, ou sur un monticule entouré de ravins.

Armes. — Sur tous les points du pays on a trouvé des haches de pierre polie, dont les plus petites n'ont que six centimètres de long, et les plus grandes trente centimètres ; les autres armes en usage étaient les flèches, les couteaux et poignards en silex, en os ou en défenses de sangliers, ou enfin les épées, d'un travail grossier.

Monuments celtiques. — Dans tous les cantons, mais surtout dans le Choletais, on voit de ces monuments celtiques : peulvans ou menhirs, cromlechs, dolmens. Le vulgaire les appelle *pierres fiches* ou *pierres debout*, pierre *tournisse*, *pierre-qui-vire*, *pierre-qui-tourne*, *pierre-du-coq*, pierres *frites*, pierre *branlante*, comme à La Séguinière et à Torfou, pierre *couverte*, comme à Bagneux.

Pratiques religieuses. — Les pratiques religieuses des anciens Gaulois ont laissé plus d'une trace dans les croyances populaires de l'Anjou : témoin la source de Chalonnes, qui rappelle le culte des fontaines, proscrit plus tard par Charlemagne ; témoin le vieux chêne que l'on montrait encore en 1834 à La Pommeraye ; témoin la coutume des paysans, au dix-huitième siècle, courant de porte en porte, au temps des étrennes, et criant *aguilanleu*, c'est-à-dire *au gui, l'an neuf!*

II. — LES GALLO-ROMAINS.

Crassus. — En l'an 57 avant Jésus-Christ, Crassus, l'un des lieutenants de César, se préparant à la guerre contre les *Vénètes*, séjourna dans le pays des Andes, pour construire la petite flotte qui devait bientôt assurer le triomphe des Romains sur les Armoricains.

Dumnac. — Cinq ans après, Dumnac était vaincu par les lieutenants du proconsul. (Voir la notice de Dumnac.)

Les Andes, privés de leur chef, durent faire leur soumission. Deux ou trois fois, en 21 et en 32 après Jésus-Christ notamment, ils prirent encore une part active aux derniers soulèvements des tribus gauloises.

Civilisation gallo-romaine. — Mais une nouvelle civilisation, aussi brillante que féconde, les séduisit bientôt. Un siècle ne s'était pas écoulé, que les petits-fils de Dumnac avaient adopté le costume et la langue des vainqueurs.

L'unité territoriale disparut elle-même : le nord de la Loire fit partie de la Lyonnaise ; le sud, de l'Aquitaine.

Bien des points du territoire furent mis alors, par les nouveaux occupants, en état de défense : *Juliomagus* ou Angers, en premier lieu, puis Mûrs, Chenehutte, Fief-Sauvin, etc.

Des voies furent tracées, mettant en communication Juliomagus avec les grandes villes voisines, et traversant le pays dans tous les sens. L'une de ces routes franchissait la Loire en face de Chalonnes ; une autre, la *Voie triomphale*, par Beaufort, conduisait à Tours. On peut dire que la circulation, au troisième siècle, était aussi aisée dans toute cette contrée que quatorze siècles après.

Juliomagus. — Juliomagus devint un grand centre de population. Érigée en *municipe*, elle eut son *sénat*, ses *décurions*, et s'administra librement sous la protection des agents de l'empereur. Elle fut dotée d'un palais *curial*, elle eut son *Capitole*, ses thermes, son cirque.

Les grands bains de Frémur, les bains et le théâtre de Gennes, les carrières de Doué, attestent que la vieille terre des Andes participa tout entière au même mouvement de civilisation.

III. — LES PREMIERS CHRÉTIENS.

Culte druidique. — Si les villes adoptèrent assez facilement la religion romaine, les campagnes restèrent, jusqu'au quatrième siècle, profondément attachées à leurs antiques croyances celtiques. On les vit longtemps célébrer, à l'ombre des forêts, les vieilles cérémonies du culte des druides, en dépit des édits impériaux.

Saint Florent, saint Maurille. — Vers l'an 400 se placent les premières prédications de saint Florent, au confluent de la Loire et de l'Evre ; et aussi l'épiscopat de saint Maurille, disciple de saint Martin de Tours. Saint Maurille sut rattacher à son évêché le pays des Mauges, où il avait passé bien des années à propager la nouvelle religion. Après avoir exercé à Juliomagus une véritable dictature, il mourut en laissant un nom respecté de tous, et fut inhumé dans une crypte, sous l'église qui depuis porta son nom.

Concile de 453. — En 453 eut lieu le premier des conciles tenus en Anjou. Les décisions de cette assemblée prouvent combien l'Eglise se sentait déjà puissante dans ce pays, ainsi que dans toute l'ancienne Gaule. Il y fut interdit aux clercs de s'adresser à toute juridiction laïque. On y arrêta que tout citoyen pouvait porter sa cause à l'*audience épiscopale* qui avait droit de prononcer en dernier ressort.

L'évêque prenait sous sa haute protection les orphelins, les esclaves, les prisonniers, les fugitifs. Le christianisme prenait la haute direction de la société : l'aristocratie urbaine, la foule, les populations rurales, tout pliait devant l'Eglise.

Saint-Maur. — Au sixième siècle, dans la terre de Glanfeuil, saint Maur fonda un célèbre couvent de Bénédictins. De ces moines, qui n'avaient point de serviteurs, mais qui se contentaient du travail de leurs mains, on a pu dire qu'ils ont été « les grands défricheurs de l'Europe. » Ils servirent aussi bien la culture de l'esprit que celle du sol, en conservant avec soin, dans leurs monastères, de précieux manuscrits, monuments littéraires de l'antiquité.

La Bagaudie. — De toutes les calamités dont souffrit le peuple des campagnes, à cette époque reculée, l'une des plus mémorables fut la *Bagaudie*, révolte des paysans réduits à la plus extrême misère, et écrasés sous le lourd fardeau des impôts.

IV. — LES FRANCS.

Fin de l'Empire romain. — Dès les premières années du cinquième siècle, les cités de l'Armorique, et Angers avec elle, résistèrent aux *Gètes* et aux *Alains* de la grande invasion. Mais les *Wisigoths* réussirent à s'emparer du Saumurois et des Mauges, sans cependant franchir la Loire.

Francs et Saxons. — Peu de temps après la bataille de Châlons, aux environs d'Angers, se rencontrèrent les Francs et les Saxons. Ceux-ci furent vaincus et descendirent le fleuve pour ne plus reparaître en Anjou; les Francs, après Tolbiac, ne tardèrent pas, à Voulon, à s'établir définitivement sur les deux rives de la Loire. L'Anjou fit dès lors partie intégrante de la Neustrie, et suivit toutes les vicissitudes de son histoire, passant, au hasard de partages successifs, des mains de Clovis à celles de Clodomir, de Théodoric, de Childebert et de Clotaire.

Le fils d'un maire du palais de Clotaire, Lezin, devint comte d'Angers, puis évêque de cette ville. Son successeur fut saint Maimbœuf, que Dagobert n'oublia pas dans ses libéralités.

Rainfroy. — Le dernier comte d'Angers, de l'époque mérovingienne, fut Rainfroy, ancien maire du palais de Neustrie, qui, battu à diverses reprises par Charles Martel, s'enferma enfin dans la ville d'Angers, et ne céda qu'à la condition de conserver le gouvernement de la province. A la mort de Rainfroy, en 731, l'Anjou resta docilement soumis à Charles Martel, et ensuite à son fils Pépin le Bref.

V. — SOUS LES KAROLINGIENS.

Pépin le Bref. — Le roi Pépin le Bref vint à Doué recevoir les ambassadeurs de Waïfre, duc d'Aquitaine.

C'est au même roi que certains auteurs attribuent la construction primitive de la cathédrale d'Angers, et celle du *Tronc*, château fort de Saumur. Il aurait aussi marié sa fille Berthe à Milon, comte d'Angers, père de Roland, le héros fabuleux des époques féodales.

Charlemagne. — Charlemagne continua les travaux de l'église Saint-Maurice, enrichit l'abbaye Saint-Aubin, et fonda, au mont Glonne, le monastère de Saint-Florent, sur les confins de la Bretagne.

C'est dans sa villa de Doué que Louis le Débonnaire apprit la mort de son père.

Guerres de Bretagne. — Au retour d'une première expédition contre Morvan, duc de Bretagne, Louis le Débonnaire fit séjour à Angers : c'est alors que mourut l'impératrice Ermengarde. On pense que, vers la même époque, il donna l'ordre à son fils Pépin d'Aquitaine de construire les *levées* de la Loire.

Les Bretons s'étant révoltés de nouveau sous leur duc Noménoé, Louis envoya Lambert, comte de Nantes, pour les contenir.

Charles le Chauve. — Le règne de Charles le Chauve est marqué en Anjou par les entreprises de Noménoé et de Lambert, et par le pillage des rives de la Loire. Noménoé, maître d'Angers, prend le titre de roi.

Les Normands. — Mais un autre fléau va sévir : les Normands, établis dans l'île de Noirmoutier, remontent la Loire, pillent Saint-Florent, détruisent à moitié Angers, et terrorisent toute la contrée jusqu'à Tours.

Robert le Fort. — C'est alors que Charles le Chauve envoie en mission Robert le Fort, et lui donne le titre de duc de France.

Un chef normand, plus féroce et plus rusé que ses devanciers, Hasting, venait de dévaster l'Anjou, lorsqu'il rencontra, à Brissarthe, en 866, le duc Robert. (Voir la notice de Robert le Fort.) Les pillards victorieux purent se livrer sans crainte à leurs déprédations.

Hasting. — Hasting s'empara d'Angers, à peu près abandonné par ses habitants, et paraissait vouloir s'y fixer, lorsqu'il en fut chassé par Charles le Chauve et Salomon, duc de Bretagne. Le siège fut long et acharné. Hasting ne céda qu'à la dernière extrémité. Les Normands, après cet échec, se portèrent de préférence vers le nord de la France.

VI. — LES INGELGÉRIENS.

Ingelger. — L'un des lieutenants du duc de France, délégué par lui au commandement de l'Anjou, fut Ingelger, qui vivait en 886. Il eut pour fils Foulques Ier le Roux.

Foulques le Roux. — Foulques Ier le *Roux* porta, le premier, le titre de comte d'Anjou, en 900. Il resta le fidèle vassal des ducs de France; se procura, par mariage, de vastes domaines en Touraine, La Haye, Loches, Amboise; repoussa les Normands, qui avaient fait une nouvelle apparition sur les bords de la Loire; et mourut en 942.

Foulques le Bon. — Foulques II le *Bon* ou le *Pieux* (942-960) fut pacifique et charitable. Marchands et laboureurs se remirent au travail, les ruines furent relevées, les champs déserts défrichés. Les moines de Saint-Florent, qui avaient fui devant les Normands jusqu'en Bourgogne, revinrent, fondèrent un monastère près de Saumur (950) et cultivèrent les terrains environnants.

On dit que le roi de France, Louis IV d'Outre-Mer, s'étant permis de railler Foulques le Pieux, qui se piquait d'une certaine érudition, celui-ci ne craignit pas de lui écrire : « Sachez qu'un roi illettré n'est qu'un âne » couronné. »

Geoffroy Grisegonelle. — Geoffroy Ier Grisegonelle (960-987) fut plus batailleur. Non seulement le duc de France eut en lui un vassal valeureux, mais il sut encore faire respecter ses frontières du côté de la Bretagne et du Poitou. Par un charte de 966, il réforma la discipline relâchée de l'abbaye Saint-Aubin.

Foulques-Nerra. — (Voir la notice de Foulques-Nerra.)

Geoffroy Martel. — Geoffroy II Martel (1040-1060) avait d'abord profité de l'absence de son père, en pèlerinage à Jérusalem, pour entrer en possession du comté d'Anjou. Ses vingt années de règne sont signalées par des exactions, des violences de toutes sortes. Il conquit successivement le comté de Tours, le Vendômois, la baronnie de Craon; s'empara de Nantes, et envahit la Normandie. Il mourut sans enfants, et fut ainsi le dernier comte de la dynastie ingelgérienne.

VII. — LES PLANTAGENETS.

Anjou féodal. — Le onzième siècle vit la féodalité s'établir en Anjou. Les comtes battirent monnaie, firent la guerre et la paix, levèrent à discrétion des impôts sur les *manants* et les *serfs*. En réalité, ils furent plutôt les alliés que les sujets du roi de France.

D'indociles vassaux, d'autre part, tendaient à l'indépendance absolue; tels les seigneurs héréditaires de Château-Gonthier, de Craon, de Sablé, de Montreuil-Bellay.

Enfin, les évêques d'Angers, les abbés de Saint-Florent, de Saint-Aubin, de Saint-Serge, de Bourgueil, avaient une juridiction spéciale et levaient des troupes à leurs ordres.

Quant aux populations rurales le servage est leur loi. Les agglomérations se forment à l'ombre des châteaux-forts et des donjons.

Geoffroy le Barbu. — Neveu de Geoffroy Martel, Geoffroy III le *Barbu* (1060-1069) se voit disputer l'Anjou par son frère Foulques le *Réchin*, qui, ayant eu en partage le Loudunois et la Saintonge, n'avait pu les défendre contre le duc d'Aquitaine.

Geoffroy le Barbu encourut l'excommunication, à la suite d'une querelle avec les moines de Marmoutiers de Tours. Foulques profita de cette circonstance pour s'emparer du comté, à Saumur, et pour l'enfermer dans un château-fort, où le malheureux devint fou.

Foulques IV le Réchin (1069-1109). — Pour se faire pardonner son usurpation, le *Réchin* céda le Gâtinais au roi de France Philippe Ier, et fit hommage de la Touraine au comte de Blois; mais il prit Le Lude et La Flèche sur Guillaume de Normandie.

Durant ce règne, disent les contemporains, la justice ne fut point rendue, les brigands pillèrent à qui mieux mieux, tout commerce devint impossible. Foulques fut obligé, pendant quelques années, de partager le gouvernement de ses États avec l'un de ses fils, qui s'était révolté. Sa femme, Bertrade de Montfort, l'abandonna pour épouser le roi Philippe Ier, puis vint finir ses jours dans un monastère angevin.

Foulques V le Jeune (1109-1129). — L'Anjou, la Touraine et le Maine furent réunis sous la suzeraineté de Foulques V, fils du Réchin et de Bertrade, qui devint l'un des seigneurs les plus puissants de la France. Le roi Louis VI se l'attacha en lui conférant la charge de *grand sénéchal* du royaume. Le roi d'Angleterre demanda, pour son fils Guillaume, la main de Mathilde, fille de Foulques; seul, le naufrage de la *Blanche-Nef* empêcha ce mariage.

Sur ces entrefaites, Foulques le Jeune partit en Palestine (1120), et combla de bienfaits l'ordre des Templiers, de fondation toute récente. Six ans plus tard, il accepta la succession de Baudouin II, roi de Jérusalem, et épousa la fille de ce prince, Mélisende.

Avant de quitter définitivement l'Anjou, il assura la grandeur de sa maison en mariant son fils Geoffroy avec Mathilde, héritière du roi d'Angleterre (1128).

Roi de Jérusalem en 1131, il mourut en 1142.

Geoffroy IV le Bel ou Plantagenet (1129-1151). — (Voir la notice qui le concerne.)

C'est sous son règne que l'évêque Ulger reconstruisit la cathédrale Saint-Maurice.

Henri Plantagenet (1151-1189). — Le fils de Geoffroy devait porter à son apogée la puissance des comtes d'Anjou de la seconde dynastie.

Il épousa Éléonore d'Aquitaine, qui lui donna tout le

pays situé entre la Loire, les Cévennes, les Pyrénées et l'Océan. Il devint roi d'Angleterre à la mort d'Etienne de Boulogne (1154), de sorte que son empire s'étendait de l'Ecosse à l'Espagne, sur l'Angleterre et la France. Ce fut un vassal bien redoutable pour les rois de France, et l'histoire, pendant plus de deux siècles, n'est que le récit des guerres suscitées par les rois de la famille des Plantagenets.

En Anjou, Henri embellit la ville d'Angers, qui s'étendait déjà sur la rive droite de la Maine; construisit l'hôpital Saint-Jean; fit bâtir un pont à Saumur; mit les populations des rives de la Loire à l'abri des inondations par la construction d'une levée continue.

Il mourut à Chinon, en 1189, en maudissant son fils révolté contre lui. Il fut inhumé à Fontevrault.

Richard Cœur-de-Lion (1189-1199). — L'histoire de ce prince batailleur n'intéresse qu'indirectement l'Anjou. Il voulut être, lui aussi, enterré à Fontevrault.

Arthur de Bretagne et Jean-sans-Terre. — Les compétitions du frère et du neveu de Richard ne furent pas indifférentes à l'Anjou : Jean-sans-Terre, en 1199-1200, vint le mettre à feu et à sang.

Après le meurtre d'Arthur, Louis, fils de Philippe-Auguste, réussit, avec l'aide des Bretons, à chasser définitivement les Anglais de l'Anjou, qui fut dès lors soumis aux rois capétiens.

VIII. — LES COMTES APANAGISTES.

Saint Louis. — A la mort de Desroches, Pierre Mauclerc, duc de Bretagne, voulut s'emparer de l'Anjou. Le jeune roi Louis IX le réduisit à obéissance (1234). Il commença la construction du château d'Angers, forteresse inexpugnable, et fit entourer la ville d'une muraille avec tours et bastions, qui occupait la place des boulevards actuels.

En 1241, saint Louis tint cour plénière à Saumur. Il arma chevalier son fils Alphonse, l'investit des comtés de Poitou et d'Auvergne, et le maria à la fille du comte de Toulouse.

« Ce fut la *non pareille* chose que je visse, — dit Join-
ville. — Le roy tint cette fête aux halles de Saumur,
qu'avait fait construire Henri d'Angleterre. On dit
qu'il y eut bien trois mille chevaliers. »

Charles Ier, comte de Provence et d'Anjou (1246-1285).
— Ce prince ne résida guère en Anjou; il préféra tour-
ner ses regards du côté de l'Italie, et fit la conquête du
royaume des Deux-Siciles.

Charles II le Boiteux, roi de Naples (1285-1290). —
L'Anjou ne le connut que par la persécution des juifs,
qu'il chassa sans pitié de ses domaines. Il maria sa fille
à Charles de Valois, frère du roi Philippe le Bel.

Charles III (1290-1325). — Le comté d'Anjou, pour le
frère du roi, fut érigé en pairie (1297). Le règne de
Charles de Valois fut une période de paix et de prospérité. Les bêtes fauves, qui infestaient le pays, furent
traquées de tous côtés, à la grande satisfaction des habitants.

Philippe de Valois. — Les guerres privées semblèrent
supprimées sous le règne de Philippe. L'Anjou fut réuni
au domaine royal. On défricha une grande étendue de
terres, entre Angers et Bourgueil; les marais de la
Vallée furent desséchés; la Levée, reconstruite, servit
de grande route.
Mais, en 1348, la *peste noire* sévit en Anjou pendant
une année tout entière.

Guillaume Le Maire. — Les évêques d'Angers, pour
attester leur suprématie, se faisaient porter, dans leur
cathédrale, le jour de leur consécration, par les barons
de Chemillé, Blou, Chemiré et Mathefelon. L'un de ces
évêques, Guillaume Le Maire (1291-1317), aida de ses
conseils le roi Philippe le Bel dans ses querelles avec
le pape Boniface VIII.

IX. — LES DUCS DE LA MAISON DE VALOIS.

Louis Ier (1350-1384). — Le second des fils de Jean
le Bon, Louis, fut investi par son père du titre de duc
d'Anjou, en 1360. Ce prince s'était montré peu fidèle à

la parole donnée en s'évadant de la prison de Londres, où il était gardé comme otage en vertu du traité de Brétigny. Il ne sut pas protéger les bords de la Loire, de la Sarthe et de la Mayenne contre les bandes anglaises, qui pillaient les châteaux et brûlaient les abbayes. En 1355, l'une de ces bandes armées prit l'abbaye du Louroux, et y resta pendant quinze ans. En 1369, Cresewell et Calviley s'emparèrent de Saint-Maur. Ce fut Duguesclin qui en débarrassa la contrée.

Surcroît de malheur. Jeanne, reine de Naples et de Sicile, en mourant, reconnut comme héritier le duc Louis d'Anjou, qui, emporté par son esprit aventureux, commença la vaine série des ruineuses expéditions d'Italie.

Louis II (1384-1417). — Fils aîné du précédent, il se laissa aussi entraîner à des conquêtes chimériques au delà des Alpes. Deux fois il essaya de s'emparer de Naples et de la Sicile ; deux fois, après avoir ruiné ses peuples et multiplié les vexations, il revint après avoir échoué misérablement.

Louis III (1417-1434). — Ce nouveau duc d'Anjou imita ses deux prédécesseurs, et laissa le gouvernement de la province à sa mère, Yolande d'Aragon. Cette princesse, en 1421, sut organiser la défense du pays contre les Anglais. On lui dut les deux victoires de Vieil-Baugé et de Segré.

Elle avait marié sa fille, Marie d'Anjou, à Charles VII. *le roi de Bourges*, qui maintes fois vint lui demander conseil, à Saumur et à Angers.

Louis III mourut au fond de la Calabre, laissant tous ses droits à son frère René.

René, duc d'Anjou, roi de Lorraine et de Sicile (1434-1480). — (Voir la notice de ce prince.)

En 1440, Gilles de Retz fut brûlé vif, près de Nantes, en punition de ses violences et de ses crimes.

En 1447, le duc de Sommerset, à la tête d'un corps de troupes anglaises, échoua devant Angers.

Charles VII, qui aimait les Angevins, confia à Pierre de Brézé la charge de sénéchal de Normandie, en récompense de ses bons services. Pierre de Brézé, proscrit par Louis XI, puis rentré à son service, mourut à Montlhéry (1465).

Louis XI. — Louis XI, de bonne heure, résolut la ruine de la maison d'Anjou. Il commença par donner l'évêché d'Angers au cardinal de La Ballue, que plus tard il fit enfermer dans une cage de fer (1469-1480). Puis il trouva un nouvel auxiliaire dans le jurisconsulte Jean Bourré, qui fit bâtir les châteaux de Jarzé et de Plessis-Bourré.

En 1474, pendant que le roi René résidait à Aix, Louis XI, sous le prétexte d'un pèlerinage à Béhuard, envoya son conseiller, Guillaume de Cerizay, promettre aux habitants d'Angers une charte municipale au nom du roi. Ceux-ci, séduits par ces fallacieuses promesses, acclamèrent le roi de France. Mais ce dernier, au mépris de sa parole, nomma lui-même maire et échevins, au lieu de les laisser élire par les bourgeois.

La mort du neveu de René, Charles, comte du Maine, assura pour jamais la réunion de l'Anjou au domaine royal.

X. — L'ANJOU RÉUNI A LA COURONNE DE FRANCE.

La charte municipale. — Une période de calme commence à la mort de Louis XI. Sous l'autorité royale, l'Anjou vit renaître la sécurité et, par suite, la prospérité matérielle.

Charles VIII (1484) apporta des modifications libérales à la charte de Louis XI. Les citoyens eurent la liberté d'élire le corps de ville, d'organiser une garde communale. Ils furent exemptés de la *taille* et de la *gabelle*, et ne purent être jugés ailleurs qu'à Angers, en première instance; la noblesse héréditaire fut conférée aux maires et échevins.

L'Université. — Les étudiants et professeurs de l'Université de Paris, en 1229, s'étaient transportés en grand nombre à Angers. Les chanceliers de France, Mathieu Ferrant et Pierre de La Forêt, se formèrent à la Faculté de droit de cette ville. En 1364, des lettres patentes constituèrent l'Université d'Angers, en lui accordant les mêmes privilèges qu'à celles de Paris et d'Orléans. En 1432, à la Faculté de droit vinrent s'ajouter les trois Facultés de médecine, de théologie et des arts. Les écoliers se divisaient en six nations (Anjou, Bretagne, Maine, Normandie, Aquitaine, France), et choisissaient, pour les protéger, des procureurs qui contribuaient à l'élection du recteur.

La Coutume. — La coutume d'Anjou, inspirée de la loi romaine, avait trouvé place dans les *Établissements de saint Louis.* Les *Grands-Jours* d'Angers (1462) l'avaient remaniée. Enfin, Louis XII en arrêta la rédaction définitive dans une Assemblée composée des représentants du clergé, de la noblesse, de la justice, de l'Université, du corps de ville et du corps des marchands (6 octobre 1508).

La Renaissance. — Les Angevins firent des réceptions enthousiastes à César Borgia, en 1499; à François Ier, en 1518; à Henri II, en 1551. La peste vint interrompre brusquement les fêtes données en l'honneur de François Ier : festins, chasses, joutes et tournois.

Jean de Lépine est le plus illustre architecte de la Renaissance en Anjou. On lui doit l'*Hôtel Pincé* d'Angers, ainsi que la reconstruction des clochers de Saint-Maurice.

A cette grande époque remontent les châteaux de Brissac, de Durtal, de la Bourgonnière, etc.

Célébrités des quinzième et seizième siècles. — Parmi les grands hommes qui ont illustré ces deux siècles, et qui appartiennent à l'Anjou, nous devons citer :

Le chancelier Poyet (voir la notice de Poyet);

Le maréchal de Brissac (1506-1563), qui commanda en Flandre et en Piémont, et succéda à Coligny dans le gouvernement de la Picardie, en 1562;

Le maréchal Scépeaux de Vieilleville, comte de Durtal (1509-1571), qui s'était proposé Bayard pour modèle; il contribua à la victoire de Cérisoles, accompagna Montmorency dans l'Angoumois et la Guyenne, pour réprimer les séditions religieuses, et prit part à la préparation du traité de Câteau-Cambrésis;

Carloix, qui écrivit les mémoires du maréchal de Vieilleville;

Joachim du Bellay et Jean Bodin (voir leurs notices).

XI. — LA RÉFORME.

Les premiers protestants. — René Poyet fut brûlé vif à Saumur, en 1553, et Denis Soreau, à Angers, en 1554.

La journée des Mouchoirs. — Le 13 octobre 1560, l'Assemblée des États de la province fut convoquée à Angers. Dès le lendemain s'éleva une violente querelle, à main armée, entre les catholiques et les partisans de la religion réformée. Ceux-ci, pour se reconnaître, avaient attaché leurs mouchoirs autour de leurs chapeaux. L'avantage sembla leur rester ce jour-là; mais bientôt le gouverneur, Puygaillard, avec l'appui des troupes royales, brisa toute résistance : les proscriptions se multiplièrent, la potence fut en permanence; les nobles eurent la tête tranchée; on pendit les roturiers.

La troisième guerre civile. — Pendant la troisième guerre civile, d'Andelot, à la tête d'une troupe protestante, traversa l'Anjou, pour aller rejoindre Condé et Coligny en Poitou. Puygaillard, gouverneur d'Angers, battit d'Andelot aux Rosiers; mais les protestants purent franchir la Loire à Saumur, grâce à la négligence de Montpensier, qui défendait cette place.

La Saint-Barthélemy. — Le sire de Montsoreau fut chargé du massacre des protestants, en cette journée de triste mémoire : il fut impitoyable, et couvrit l'Anjou de meurtres et de ruines.

Puygaillard, à Angers, fit précipiter dans la Maine les prisonniers protestants qui refusaient d'abandonner leur religion.

Bussy d'Amboise, chargé du gouvernement de l'Anjou par le frère du roi, duc d'Alençon, exerça le despotisme le plus insolent. Montsoreau, pour venger une injure personnelle, l'attira dans un guet-apens, au château de la Coutancière, près de Brain-sur-Allonnes, et le fit assassiner (1579).

La Ligue. — Henri de Béarn, ayant obtenu Saumur comme place de sûreté, y nomma comme gouverneur Duplessis-Mornay. (Voir sa notice.)

Mais l'ouest de l'Anjou resta longtemps au pouvoir des *Ligueurs*, soutenus par Mercœur, duc de Bretagne.

C'est à Angers que le roi Henri IV vint en personne préparer l'édit de Nantes (1598).

En 1609, Saumur vit se fonder le couvent des Capucins, dans le quartier des Ponts, et celui des Récollets, près de Nantilly.

L'Académie de Saumur. — Saumur, où se réunit, en 1611, l'Assemblée générale des Réformés de France, devint le siège d'une Académie calviniste, qui compta des maîtres illustres : Duncan, Cappel, Cameron, Amyraut, Bouchereau, et, depuis, Tanneguy-Lefèvre, M. et Mme Dacier. (Voir leurs notices.)

XII. — SOUS LA MONARCHIE ABSOLUE.

Marie de Médicis. — La reine-mère, Marie de Médicis, ayant obtenu le gouvernement de l'Anjou, y attira de nouvelles calamités.

Le 8 août 1620, les partisans de Marie de Médicis furent, aux Ponts-de-Cé, vaincus par les troupes de Louis XIII, sous les ordres de Créqui et de Bassompierre. Parmi les prisonniers se trouvaient les seigneurs de Milly et de Brézé.

Le lendemain, le château des Ponts-de-Cé, abandonné par le duc de Retz, qui y commandait, se rendit. Après plusieurs conférences, la paix fut conclue. La réconciliation entre Louis XIII et sa mère eut lieu à Brissac.

Malheurs publics. — En 1626, la peste fit deux mille victimes dans la ville d'Angers. En 1630, le blé se vendit 36 livres le setier. La contrée était parsemée de ruines, les terres restaient incultes; les levées de la Loire, mal

entretenues, laissaient le fleuve inonder chaque année
la campagne; les paysans se voyaient réduits à manger
du pain de glands; mendiants et brigands infestaient
les grands chemins.

Exigences du roi. — Le pouvoir royal, fermant les
yeux sur de telles calamités publiques, à court d'argent,
quand il en fallait pour la guerre de Trente Ans, leva
de nouveaux impôts, aggrava les anciennes charges,
obligea les Angevins à racheter leurs privilèges, leur
imposa la *taille*, les *subsistances* et la *gabelle*.

La Fronde. — L'Anjou était tout prêt à la révolte,
quand survinrent les troubles de la Fronde. Le gouverneur était alors le beau-frère de Richelieu, le maréchal
de Brézé, célèbre par son ambassade près de Gustave-
Adolphe et par ses services en Catalogne. Hautain,
énergique, Brézé fut dur pour les contribuables récal-
citrants : il occupa Angers militairement et livra la ville
au pillage.

A Brézé succéda Rohan-Chabot, qui prit parti pour
Condé. Il ne céda devant Anne d'Autriche, Louis XIV
et Mazarin qu'après avoir soutenu contre les troupes
royales un siège de trois semaines, dans la ville d'Angers. La Fronde angevine prit fin par la reddition du
château des Ponts-de-Cé (1652).

Monarchie absolue. — La ville d'Angers fut peu à peu
dépouillée de toutes ses franchises. On supprima les
élections. Les offices municipaux furent vendus par le
roi. Les privilèges furent méconnus : les habitants les
rachetèrent dix fois.

A la suppression de l'édit de Nantes, Saumur perdit
la moitié de sa population.

XIII. — LES DIX-SEPTIÈME ET DIX-HUITIÈME SIÈCLES.

Personnages célèbres. — Parmi les célébrités de
l'Anjou, il convient de citer les plus illustres, en ces
deux grands siècles de notre histoire.

Hercule de Charnacé (1588-1637) fut envoyé par Richelieu en Suède, auprès du roi Gustave-Adolphe (1628),

puis en Hollande (1634), et fut tué au siège de Bréda (1637); sa correspondance diplomatique formait dix volumes.

Dupineau (1573-1644), conseiller au présidial d'Angers, jurisconsulte distingué, échevin et maire de la ville, écrivit les *Observations sur quelques articles de la Coutume d'Anjou*, un *Commentaire* de la même Coutume, et des *Consultations*.

Pocquet de Livonnière (1652-1726), élève du collège de l'Oratoire d'Angers, conseiller au présidial, directeur de l'Académie des Belles-Lettres d'Angers, professeur de droit français à la Faculté, et recteur de l'Université, a écrit les *Coutumes du pays d'Anjou* et un *Traité des fiefs*.

Son fils est aussi connu par de nombreux ouvrages sur l'Anjou.

Henri Arnauld (1597-1692), l'un des plus grands évêques d'Angers, frère du célèbre Arnauld d'Andilly, et de sœur Agnès de Port-Royal.

Pierre Rangeard (1691-1726) a laissé un *Discours historique et critique sur les écrivains de l'Histoire d'Anjou*.

Jacques Rangeard (1723-1797), secrétaire-archiviste du chapitre de Saint-Maurice, député à la Constituante, a laissé de nombreux écrits sur l'Histoire de la province d'Angers.

François Prévost (1712-1785), l'honneur de la magistrature angevine, auteur de nombreux discours prononcés à la rentrée du présidial ou à l'Académie d'Anjou.

Volney (1757-1820), député de l'Anjou à la Constituante, auteur des *Ruines*.

La Réveillère-Lépeaux (1752-1824), l'un des principaux instigateurs du mouvement de 1789 en Anjou, élu directeur en 1795.

La province avant la Révolution. — Avant 1790, la province d'Anjou formait deux gouvernements militaires : celui d'Anjou proprement dit, et celui de Saumur. Elle dépendait de la généralité de Tours, sous le rapport financier et administratif, et du parlement de Paris, sous le rapport judiciaire. Les deux tiers du ter-

ritoire étaient la propriété du clergé et de la noblesse.
Les justiciables étaient soumis à des juridictions diverses : sénéchaussées, présidiaux, prévôtés, maré-
chaussées, greniers à sel, etc. Les habitants gémis-
saient sous le poids des charges les plus lourdes : de
tous les impôts, le plus impopulaire était la gabelle. Le
sel coûtait 62 fr. le quintal; quant aux faux-sauniers,
on les traquait, on les tuait comme des bêtes fauves.
Les disettes et les épidémies se succédaient à inter-
valles rapprochés. La misère était à son comble.

Le Maine-et-Loire. — Le décret du 15 janvier 1790
ordonna la division en quatre départements des trois
provinces : Touraine, Maine et Anjou.

L'ancien Anjou fut presque en entier compris dans
le département de Mayenne-et-Loire, appelé depuis
Maine-et-Loire.

XIV. — GUERRE DE VENDÉE.

Les Volontaires. — 15 septembre 1791. — Les volontaires de Maine-et-Loire, au nombre de 685, élisent
leur chef Beaurepaire, qui devait s'illustrer au siège de
Verdun (1er septembre 1792).

Constitution civile du clergé. — 21 septembre 1792.
— Sont embarqués, à destination d'Espagne, 241 prê-
tres angevins qui n'avaient pas voulu se soumettre à la
Constitution civile du clergé, et dont la présence dans
les Mauges était regardée comme un ferment de guerre
civile.

La Conscription. — 25 février 1793. — Est promul-
guée la loi sur la Conscription, qui ordonne une levée
de 300,000 hommes. Exaspération des jeunes gens de
la campagne.

Insurrection. — 12 mars 1793. — Les conscrits de
Saint-Florent-le-Vieil se mutinent et suivent Cathelineau. Le 13, les insurgés occupent Jallais et Chemillé ;
le 14, se rallient à la troupe de Stofflet, qui venait
d'Yzernay et de Vezins, enrôlent d'Elbée et Bonchamps

et s'emparent de Cholet ; le 16, occupent Vihiers, et prennent la pièce de canon *Marie-Jeanne* ; le 22, entrent à Chalonnes-sur-Loire.

Le 11 avril, Leygonnier reprend Coron, le 17, Cholet ; le 22, Berruyer est surpris dans Beaupreau ; le 6 juin, Leygonnier est battu aux Verchers ; le 8, les insurgés prennent Doué et Montreuil-Bellay ; le 9, Menou est impuissant à défendre Saumur ; le 23, les Vendéens occupent Angers ; le 29, Cathelineau est tué à Nantes.

Les Vendéens, le 15 juillet, sont battus à Martigné-Briand ; le 18, ils culbutent les Bleus à Vihiers, et le 26, à la Roche-de-Mûrs ; mais le 28, ils sont obligés de rétrograder devant la garde nationale d'Angers, conduite par Philippeaux et Talot.

Décret du 1er août 1793. — La Convention décide que l'armée de Mayence se transportera sur la Loire ; que des corps de tirailleurs seront organisés ; que les bois, taillis, forêts, seront incendiés ; que les récoltes et bestiaux seront enlevés ; que les femmes, enfants et vieillards de la Vendée seront transportés dans l'intérieur de la République.

Le 2 septembre, à Saumur, Canclaux propose un plan général d'attaque, et prescrit une levée en masse. Les Vendéens repoussent victorieusement les Bleus, le 18, à Coron, et le 19, à Torfou.

Bataille de Cholet. — Le 17 octobre, près de Cholet, toute la Vendée angevine, commandée par Stofflet, Bonchamps, d'Elbée, Lescure et La Rochejaquelein, se trouve en présence de Marceau, Kléber et Haxo : les insurgés sont taillés en pièces.

Les derniers débris de l'armée vendéenne, le 18, passent la Loire à Saint-Florent-le-Vieil, le 19, à Ancenis ; puis s'en vont errer au nord de la Loire, par Candé, Segré, Château-Gonthier, Laval, Granville, Dol, Le Mans, et enfin Savenay.

Colonnes infernales. — Le général Turreau, le 19 janvier 1794, met en marche les colonnes infernales qui, commandées par Duval, Grignon, Bart et Couzay, traversent toute la Vendée en passant, d'une part, à

Brissac, Concourson, Vihiers et Parthenay, d'autre part, à Beaupreau, Chemillé et Cholet, faisant le désert sous leurs pas, par le fer et par le feu.

1,200 maires protestent contre cet odieux abus de la force, 2,000 dénonciations dépeignent ces horreurs; l'indignation, à son comble, provoque un dernier soulèvement; Stofflet peut de nouveau se rendre maître de Chemillé, Beaupreau, Jallais, Vezins, Coron; il entre même à Cholet.

Décret d'amnistie. — Le 2 décembre 1794, Hoche, armé du décret d'amnistie, essaye de pacifier la Vendée, profitant des dissensions qui s'élèvent entre Stofflet et Charette.

Stofflet est pris le 26 février 1796; Charette, le 23 mai.

XV. — PÉRIODE CONTEMPORAINE.

Constitution de l'an VIII. — Le 17 février 1800, la constitution établit dans le département un préfet et quatre sous-préfets, et crée cinq arrondissements.

Le premier préfet fut Montaux-Desilles (2 mars 1800). Son frère fut nommé évêque d'Angers le 6 juin 1802.

Les conscrits réfractaires étaient encore nombreux sous l'Empire.

Les Cent-Jours. — Le duc de Bourbon, le 22 mars 1815, essaye en vain de soulever la Vendée.

Le 7 mai, la Rochejaquelein attaque, près de Maulevrier, le 26e de ligne. Le 23, Cholet est pris par d'Autichamp; mais, le 20 juin, les royalistes sont battus à la Roche-Servière; et, à la nouvelle du désastre de Waterloo, la paix est signée.

Du 2 août au 23 septembre, 7,000 Prussiens cantonnent de Baugé à Longué, d'Angers à Durtal.

La Restauration. — Le 24 février 1822, le coup de main du général Berton échoue à Saumur.

En 1823, la duchesse d'Angoulème traverse l'Anjou.

En 1828, la duchesse du Berry visite tous les cantons des Mauges illustrés par l'épopée vendéenne.

La chouannerie. — Le 3 mai 1832, un décret met le département en état de siège, dans le but de débarrasser la campagne des bandes qui infestent les arrondissements de Cholet et de Segré.

Travaux importants. — La loi du 27 juin 1833 assure l'exécution d'un tracé comprenant 12 routes stratégiques sillonnant le pays.

Une loi de 1837 fournit les moyens de terminer le réseau des routes départementales.

En 1838, sont terminées les opérations du cadastre.

En 1848, inauguration solennelle du chemin de fer de Tours à Angers; en 1851, d'Angers à Nantes : les travaux en Maine-et-Loire avaient coûté vingt-deux millions.

En 1863, est livrée à la circulation la ligne d'Angers au Mans ; en 1866, d'Angers à Cholet.

LES PERSONNAGES REMARQUABLES

DU MAINE-ET-LOIRE

Par LANDAIS

Inspecteur primaire, Officier d'Académie

CONQUÊTE ROMAINE

DUMNAC (51 av. J.-C). — Dumnac est cité par César, dans ses *Commentaires*, comme le chef des *Andes* ou Angevins. Lorsque Vercingétorix eut succombé sous les murs d'Alésia (51 av. J.-C.), diverses tribus gauloises résistèrent encore aux lieutenants du vainqueur, entre autres les Bellovaques avec leur chef, Corrée, et les Andes, avec Dumnac. Un chant bardique ne dit-il pas : « Ni Peil, ni Madok n'ont vécu longtemps. Lorsque, selon la coutume, on leur crie : Rendez-vous! — Nous ne nous rendons pas! — Et jamais ils n'ont demandé quartier! » Or, les Andes et les peuplades de Basse-Loire assaillirent, dans Poitiers, le traître Duriac, ami des Romains; mais les lieutenants de César, Caminius et Fabius, accoururent au secours du chef des Pictons, le dégagèrent et poursuivirent les Andes vers la Loire. Après deux jours de combat, les Andes furent taillés en pièces, laissant sur le champ de bataille, si l'on en croit Jules César, 12,000 des leurs. On pense que cette dernière convulsion de la vieille Gaule vaincue et démembrée eut pour théâtre la contrée qui s'étend entre Doué et les Ponts-de-Cé. L'un des rêves du grand sculpteur David d'Angers était d'ériger une statue colossale du héros de la résistance nationale. Celui en qui s'incarna, dans ces temps reculés, le patriotisme angevin, méritait bien les honneurs que lui a rendus, en 1887, la ville des Ponts-de-Cé.

ANJOU BARBARE

Saint **MAURILLE** et saint **FLORENT** (400). — Le grand rôle des évêques commence dès que commencent les invasions. L'évêque devient, dans l'Etat, le premier magistrat civil, le *défenseur* de la cité, en même temps qu'il en est le pasteur spirituel. L'un de ces évêques, saint Maurille, élu par l'assemblée des chrétiens, occupe le siège épiscopal d'Angers pendant trente ans (400 environ).

A côté du clergé *séculier* commence à s'établir un clergé *régulier*. Saint Florent fonde, vers la même époque, une des premières colonies monacales au Montglonne. L'un et l'autre, dont l'histoire tient de la légende, avaient été envoyés en Anjou par saint Martin de Tours, dont le nom mérite d'être cité entre tous, plutôt pour son horreur des persécutions religieuses, que pour son zèle dans la destruction de tous les monuments du paganisme.

ÉPOQUE DE CHARLEMAGNE

ROLAND (778). — Roland était, au dire de certains chroniqueurs, fils de Milon, duc d'Angers et neveu de Charlemagne, qui lui confia le commandement des Marches de Bretagne. Roland périt à Roncevaux, à l'arrière-garde de l'armée franque, revenant d'Espagne. Entassés les uns sur les autres, au pied de la montagne, embarrassés par leurs armes pesantes, auxquelles ils devaient tant de victoires, les paladins et soldats francs tombèrent sous les quartiers de rocs, et frappés par les javelines acérées des Wascons. Le souvenir du combat de Roncevaux passa de génération en génération, dans des chants héroïques. Une fente gigantesque, ouverte par quelque tremblement de terre dans les rochers qui dominent la fatale vallée, a gardé le nom de *brèche de*

Roland; on montre encore le roc contre lequel il brisa, avant d'expirer, son épée invincible, *la Durandal*, après avoir en vain sonné de *l'olifant*. La mémoire du triomphe des montagnards est conservée dans *le chant d'Altabiçar* :

« Fuyez, fuyez, ceux à qui il reste de la force et un cheval !
Fuis, roi Charles, avec tes plumes noires et ta cape rouge !
Ton neveu, ton plus brave, Roland, est étendu mort là-bas. »

La poésie héroïque, dans aucun temps et dans aucun pays, n'a rien produit de plus émouvant et de plus grandiose que la *Chanson de Roland*, du trouvère Théroulde. Le poème qui a immortalisé l'Arioste est le *Roland furieux*.

INVASIONS NORMANDES

ROBERT LE FORT (866). — Robert le Fort, d'origine incertaine, fut, en 858, délégué par le roi Charles le Chauve, à la défense des Marches d'Anjou et de Bretagne. Il est appelé, dans les chroniques, comte ou marquis d'Anjou, et résidait ordinairement à Angers. Robert, investi en 861 du duché de Paris, et du commandement suprême dans tout le pays d'entre Seine-et-Loire, devait être le père de la dynastie capétienne, si longtemps l'instrument et l'expression de la nationalité française. Cinq ans plus tard, une troupe de quatre cents Normands, conduits par Hastings, le fameux *roi de mer*, avaient quitté les bords de la Loire pour mettre la ville du Mans au pillage. Robert le Fort, le seul guerrier de cette triste époque dont le nom soit parvenu avec honneur à la postérité, accourt et rencontre les pirates du Nord à *Brissarthe*. Hastings se retranche dans l'église, « qui était grande et construite en pierre »; les capitaines francs passent au fil de l'épée tout ce qu'ils trouvent hors de la basilique; Robert le Fort décide alors de remettre au lendemain l'attaque de l'église, et quitte son casque et sa cotte de mailles pour se rafraîchir. Tout à coup les Normands s'élancent hors de leur asile et se ruent à grands cris sur Robert et ses compagnons. Les Francs courent aux armes et repoussent l'ennemi; mais leur chef est tué sur le seuil même de l'église; l'armée, sans guide, se disperse, et les Normands triomphants regagnent leur flotte.

FÉODALITÉ

FOULQUES NERRA (1040). — Foulques III, dit *Nerra* ou le Noir, est regardé comme le vrai fondateur de la maison d'Anjou. En cette époque troublée de l'an mil, ses aventures, ses pèlerinages, sa nature brutale et cependant raffinée en font le type des chevaliers du moyen âge. En 990, il défend l'Anjou contre Eudes, comte de Blois, et bat les fils de Conan I, comte de Bretagne, sous les murs mêmes d'Angers. Il s'empare ensuite de Tours, et mécontente les moines au point qu'il se voit ensuite contraint de faire amende honorable, pieds nus, au tombeau de saint Martin. L'année suivante, la lutte recommence contre Conan : Foulques Nerra bat les Bretons à *Conquereuil* (991), et tue le comte de sa propre main. A la suite de dissensions domestiques, il fait précipiter Elisabeth, sa femme, du haut du château d'Angers. Cette vengeance terrible lui ayant laissé de justes remords, il fait, en 1005, son premier pèlerinage à Jérusalem, en passant par Rome. Au retour, il fonde (1007) l'abbaye de Beaulieu, près Loches, qu'il donne au pape. Les années suivantes sont remplies de ses querelles avec l'évêque du Mans. En 1025, Foulques s'empare du château de Saumur, en chasse les moines, brûle leur monastère, tout en protestant, « par les âmes Dieu », de sa grande piété. Dans un troisième pèlerinage (1033), il se fait traîner dans les rues de Jérusalem sur une claie, la corde au cou, criant : « Seigneur, pitié pour le traître et parjure ! » Au retour d'un quatrième pèlerinage, il meurt à Metz (1040), et son corps est transporté à l'abbaye de Beaulieu. Le nom de Foulques Nerra, « cet autre César », est resté populaire en Anjou. Ce grand bâtisseur a laissé ou un château, ou une tour, ou une église, dans un grand nombre de villes : Amboise, Langeais, Mirebeau, Passavant, Montreuil-Bellay, Vihiers, Doué, Montfaucon, Maulévrier, Baugé, Château-Gonthier, Le Lude. Il a fondé ou enrichi les abbayes ou églises de Saint-Nicolas, du Ronceray, de Saint-Martin, de Saint-

Serge, de Saint-Aubin et de Saint-Florent. Sa statue est l'une des douze qui ornent le monument du roi René, sur la place du Château d'Angers.

ARBRISSEL (1047-1117). — Arbrissel (Robert d') naquit près de Rennes vers l'an 1047, mais le fondateur de l'ordre de Fontevrault appartient à l'histoire de l'Anjou. Destiné à l'état ecclésiastique, il prit le grade de docteur en théologie (1075) à Paris, et fut ensuite créé archiprêtre de l'église épiscopale de Rennes. Dans ce poste de confiance, il essaya de réformer les mœurs du clergé, mais ne put y réussir et vint se réfugier à Angers (1089). En ce temps de misères publiques, le mystique Robert d'Arbrissel fut le chevalier errant du monachisme. A l'approche des croisades, il se livra tout entier à la prédication, accompagna le pape Urbain II dans le Maine et l'Anjou, et prêcha devant un concours immense de population (1096) avec un succès éclatant. Par sa parole ardente, il entraîna une grande foule de pèlerins, hommes et femmes, qui commencèrent à construire, dans la forêt de Fontevrault, d'abord des huttes, plus tard des cloîtres et des oratoires, à l'aide des largesses des grands et avec les aumônes des peuples. En 1100, au concile de Poitiers, Robert d'Arbrissel demanda et fit prononcer l'excommunication du roi de France, Philippe Ier, qui avait épousé Bertrade de Montfort, femme non divorcée de Foulques Réchin, comte d'Anjou. Robert d'Arbrissel parcourut la Touraine, l'Orléanais, le Limousin, l'Angoumois, le Périgord, le Languedoc, fondant partout des couvents, et mourut dans le Berry le 25 février 1117. Son corps fut inhumé à l'abbaye de Fontevrault.

GEOFFROY dit PLANTAGENET (1113-1151). — Geoffroy Plantagenet, fils de Foulques, comte d'Anjou et roi de Jérusalem, naquit le 24 août 1113. Fiancé de bonne heure à Mathilde, veuve de l'empereur Henri V, et fille de Henri I, roi d'Angleterre, il passa presque toute sa vie à guerroyer contre ses vassaux ou ses voisins, et eut peine à prendre possession du duché de Normandie. Le comte de Laval, le comte de Thouars, le seigneur de Blaison, le seigneur de Sablé, l'évêque du Mans, le seigneur de Montreuil, tour à tour se levèrent en armes contre Geoffroy, firent tour à tour leur soumission, mais longtemps l'empêchèrent de faire valoir ses droits à l'héritage de son beau-père. Dans une première expédition en Normandie, les Angevins, après avoir pris Argentan, Séez et Domfront, s'avancèrent jusqu'à Lisieux (1136), et « par leurs excès, dit un vieux chroniqueur, méritèrent une haine éternelle. » Geoffroy, blessé au pied droit, dut battre en retraite. Huit ans plus tard, avec l'aide du roi de France, Louis VII, il s'empara enfin de la Normandie, et fit son entrée à Rouen. Il mourut en 1151 à Château-du-Loir. L'évêque du Mans lui fit élever, dans sa cathédrale, un superbe monument, œuvre d'art de haute valeur. Son fils aîné régna sous le nom de Henri II Plantagenet.

XVᵉ SIÈCLE

RENÉ D'ANJOU (1409-1480). — René d'Anjou, dit le *bon roi René*, duc de Bar et de Lorraine, comte d'Anjou et de Provence, roi de Naples et de Sicile, naquit au château d'Angers, le 16 janvier 1409. Marié à Isabelle de Lorraine, il passa les années de sa jeunesse dans le Barrois. A la mort de son beau-père Charles II, il dut soutenir, les armes à la main, ses droits au duché de Lorraine, contre les prétentions de Vaudemont, neveu du feu duc. Les deux partis en vinrent aux mains à *Bulligneville* (1431); René, qui avait assisté au sacre du roi de France, Charles VII, lui avait demandé main forte : Vaudemont s'était adressé au duc de Bourgogne, Philippe le Bon. René, blessé au visage, fut fait prisonnier; le brave Barbazan, comte de Champagne, périt dans l'action, avec la fleur de la noblesse lorraine. René obtint sa liberté moyennant une rançon de 400,000 écus d'or, et maria sa fille Yolande avec le fils de Vaudemont. La mort de Louis III (1434), frère de René, le fit du même coup héritier de l'Anjou, de la Provence et du royaume de Sicile. Il prit possession de l'Anjou et de la Provence au milieu des fêtes que lui fit la joie populaire; mais il trouva en Italie un compétiteur dans la personne d'Alphonse d'Aragon. Après force traverses, trahi et finalement assiégé dans Naples, il dut regagner la Provence (1442) sans autre conquête que le vain titre de roi de Sicile. En querelle avec les bourgeois de Metz, ses créanciers, René, aidé de Charles VII, entreprit en vain de s'emparer de leur ville (1445), qui resta libre. Son séjour en Provence et en Anjou fut, à chaque fois, marqué par des réjouissances populaires, et par les prouesses fastueuses des chevaliers. La plaine de Launay, près Saumur, vit le fameux *Pas du Perron*, et Tarascon, le *Pas de la Bergère*; mais l'Anjou lui fut peu à peu enlevé par Louis XI, et René alla finir ses jours sous le beau ciel de la Provence, où l'attiraient les plaisirs tranquilles et la vie molle du Midi. Il a été chanté dans des *bergeries* qui peignent ses mœurs pastorales.

> J'ai un roi de Sicile
> Vu devenir berger,
> Et sa femme gentille,
> De ce propre métier
> Portant la panetière,
> La houlette et chapeau,
> Logeant sur la bruyère
> Auprès de son troupeau.

Il avait, chose rare en ce temps, rassemblé toute une bibliothèque, et entretenait auprès de lui une véritable école d'artistes : peintres, tapissiers, orfèvres et sculpteurs. L'Anjou lui doit les castels de Chanzé, Reculée, Rivettes, Épluchard, les Ponts-de-Cé, Baugé, Launay, la Ménitré, qu'il construisit à neuf ou transforma. On a dit de lui : « Oncques prince n'aima tant ses sujets » qu'il aimait les siens, et ne fut pareillement mieux » aimé et bien *voulu* qu'il était d'eux. »

Il mourut à Aix, le 10 juillet 1480. Un monument lui a été élevé au pied du château d'Angers; le grand sculpteur David l'a représenté debout, en armure de chevalier; Saumur a la place et la rue du Roi-René.

ISABELLE DE LORRAINE (1409-1453). — Isabelle de Lorraine, fille aînée du duc Charles II, héritière de la Lorraine et du duché de Bar, devint la première femme de René d'Anjou. Les jeunes époux habitèrent d'abord la Lorraine et le Barrois. Après la défaite de René à Bulligneville (1431), et pendant sa captivité, la jeune princesse se rendit à Naples (1435) pour revendiquer les droits de René d'Anjou au trône devenu vacant

par la mort de Jeanne de Sicile. Elle défendit Naples
(1439) contre Alphonse d'Aragon. Le 22 mai 1442, elle
fit son entrée à Angers au milieu des fêtes et se fixa
définitivement en Anjou. Sa résidence favorite était le
château de Launay, près de Saumur. Elle mourut le 23
février 1453, au château d'Angers.

JEANNE DE LAVAL (1433-1498). — Jeanne de
Laval naquit à Auray en 1433. En 1454, elle épousa
René d'Anjou, dont elle charma les dernières années
par sa grande douceur et son affectueuse tendresse. Elle
suivit son royal époux en Provence; aussi bien faite
pour inspirer l'admiration par sa beauté que par ses
mœurs aimables, elle fut chantée par les poètes de ce
pays du soleil. A la mort du roi René, elle revint en
Anjou, et résida tantôt à Beaufort, tantôt à Saumur; on
montre encore dans cette ville la maison de *la Reine
Sicile*. On prétend qu'elle commença la construction
des levées de la rive droite de la Loire, qui préservent
la vallée des redoutables inondations du fleuve. Elle
mourut à Saumur le 19 décembre 1498. Beaufort lui a
élevé un monument, et Les Rosiers une statue.

MARGUERITE D'ANJOU (1429-1482). — Marguerite d'Anjou, fille de René et d'Isabelle, naquit à Pont-
à-Mousson, près Nancy, en 1429. A peine sortie de
l'enfance, en 1444, elle fut mariée au faible Henri VI,
fils de Henri V et de Catherine de France, prince inin-
telligent et crédule, qui devait précipiter la décadence
des Lancastre. Marguerite, au contraire, était douée
d'une intelligence et d'une énergie extraordinaires.
C'est à Tours que Suffolk vint poursuivre les négociations qui précédèrent le mariage et aboutirent à une
trêve entre la France et l'Angleterre. A la nouvelle de
cette trêve, une liesse immense remplit le peuple des
Gaules; il y avait près de trente ans que la France
n'avait joui d'un seul jour de paix.

Mais la belle Marguerite d'Anjou ne porta en Angleterre que le trouble et la guerre; ses grandes qualités
d'esprit et de cœur, qui semblaient devoir suppléer à
l'imbécillité de son faible époux, ne tournèrent qu'à son
malheur et à la ruine de sa maison. Elle épousa les passions du parti qui l'avait faite reine, et ne fut jamais pour

le peuple anglais que *l'étrangère, la fille d'Anjou, la
Française.* « La France, dit Sismondi, s'était double-
» ment vengée de sa rivale, en lui donnant un roi et
» une reine tous deux issus du sang des Valois. » Le
meurtre de Glocester souleva contre Marguerite des
ressentiments implacables, et créa des partisans à Richard d'York, chef du parti de la Rose-Blanche. Une
autre raison lui aliéna les esprits en Angleterre : moins
de dix ans après son couronnement, les Anglais ne pos-
sédaient plus que Calais en France. L'héroïne de la
guerre des Deux-Roses connut tous les triomphes et
toutes les misères, et vit son mari deux fois enfermé à
la Tour de Londres. Varwick, le *faiseur de rois,* pro-
mit enfin à Louis XI de tirer les Lancastre de l'abîme
où il les avait plongés ; et Marguerite consentit à ma-
rier son fils à la seconde fille de l'homme qui avait été
son plus cruel ennemi (1470). Mais le triomphe de la
Rose-Rouge fut de courte durée. L'année suivante, à
Tewkesbury, l'armée de la reine fut écrasée par celle
d'Édouard IV ; le jeune prince de Galles, le fils de Marguerite, fut égorgé ; et Henri VI, dont le front débile
avait porté les deux couronnes de France et d'Angleterre, fut tué dans sa prison. Marguerite d'Anjou ne
recouvra la liberté que le 29 août 1475, moyennant une
rançon de 50,000 écus d'or, que le roi Louis XI s'enga-
gea à payer, en obtenant la cession de l'Anjou, du Barrois, de la Lorraine et de la Provence. Au château de
Dampierre, en 1482, mourut Marguerite, « la plus mal-
» heureuse des reines, des épouses et des mères. »

RENAISSANCE

POYET (1473-1547. — Poyet (Guillaume) naquit à
Angers en 1473, se fit d'abord connaître comme avocat
à Angers, puis à Paris, où la reine-mère, Louise de
Savoie, lui confia son procès avec le connétable de Bourbon (1521-1523). Avocat général en 1529, il entra au
Conseil privé, assista à l'entrevue du roi et du pape
Clément VII à Marseille (1533) ; président à mortier au
parlement de Paris (1534), premier président au parlement de Bretagne, il est chargé, en 1537, d'une mission diplomatique à Turin, dans le but de revendiquer

les droits de François Iᵉʳ sur la Savoie, la Bresse, la Provence, Nice, Asti et Verceil. Enfin des lettres patentes, en 1538, l'élèvent aux fonctions de grand chancelier; et, ce qui lui permet de servir les rancunes de Montmorency, son protecteur, il est chargé des poursuites dirigées contre l'amiral Chabot de Brion, gouverneur de Bourgogne. Poyet prétendit avoir découvert, dans les actes de l'amiral, 25 délits dignes de mort; fut nommé (1540) président de la commission extraordinaire chargée de juger l'accusé, après s'être fait attribuer ses biens en cas de confiscation, au mépris d'un récent édit; reçut la déposition même du roi; mais ne put arracher à la commission un arrêt de mort. Or Poyet, qui avait fait sa fortune en flattant les passions des grands, ne sut pas tenir tête aux intrigues de Cour, fut disgracié, arrêté le 1ᵉʳ août 1542, et traité comme il avait lui-même traité l'amiral Chabot: commission arbitrairement formée, dont le président reçut d'avance la promesse d'une part dans la dépouille de l'accusé; déposition du roi comme témoin à charge. L'arrêt dégrada Poyet de son office de chancelier (1545), le déclara inhabile à tenir jamais office royal et le condamna à 100,000 livres parisis d'amende envers le roi. François Iᵉʳ fit paraître une grande colère à la lecture de cet arrêt, disant: « Un chancelier qui perd son office devrait aussi perdre la vie. » Poyet mourut le 27 avril 1547. Ce qui a sauvé son nom de l'oubli, c'est la part qu'il prit à l'ordonnance de Villers-Cotterets (1537), grand monument élaboré par l'élite des magistrats de l'époque, et qui résume tout le mouvement de la jurisprudence française dans la première moitié du xvıᵉ siècle; code confus, où se rencontrent, en même temps que les traditions de la procédure inquisitoriale, d'éclatantes améliorations, comme la création de l'état-civil, et la substitution du français au latin dans les actes notariés, les procédures et les arrêts.

DUBELLAY, Joachim (1523-1560). — Dubellay (Joachim) naquit à Liré, vers 1523; il était cousin des trois frères Dubellay: Guillaume, qui fut gouverneur du Piémont; Martin, historien; et Jean, cardinal, évêque de Paris, protecteur de Rabelais. Joachim Dubellay alla étudier le droit à Poitiers et y connut Ronsard et de

Baïf. Il se plaisait à la lecture des poètes latins et grecs. Vers 1549, il publia un premier *Recueil de Poésie*, présenté à *très illustre princesse Marguerite, sœur unique du Roy*; mais son chef-d'œuvre en prose fut la *défense et illustration de la Langue française*, vigoureux écrit, où toutes les tendances de l'esprit français, tous les progrès que la poésie avait encore à faire, sont vivement exprimés; où, malgré une certaine exagération de jeunesse, quelques contradictions, trop peu d'ordre, la langue est ferme, le tour vif et naturel, les expressions durables ; où l'écrivain rompt avec le passé et ouvre une voie nouvelle. Joachim Dubellay avait dédié son livre à son oncle le cardinal, qui l'emmena à Rome (1552). C'est là que notre poète écrivit ses *Regrets*, dont deux ou trois sonnets sont impérissables, entre autres celui où il parle de son petit village de Liré qui « plus lui plaît » que le mont Palatin (1). Revenu en France, fêté par toute la Pléiade, gratifié par l'évêque de Paris d'un canonicat, il mourut le 1er janvier 1560, âgé de 37 ans, suivant de Thou. La liste complète de ses œuvres serait trop longue : les écrits cités plus haut suffiront à sa mémoire.

BOURDIGNE (de), mort en 1547. — Bourdigné (Jean de) naquit à Angers, se fit recevoir licencié en décrets, vers 1516, et obtint la chapellenie de Saint-Maurice d'Angers. L'ouvrage qui l'a fait connaître est son *Ystoire des Annales ou Chroniques d'Anjou, et plusieurs autres faits advenus tant en France, Italie, Espagne, Angleterre et Jérusalem*. Bourdigné y montre les qualités du xvie siècle, mêlant le vrai au fantastique, la légende à l'histoire, mais laissant après lui une source précieuse d'informations sur les événements dont il fut témoin. Docteur en décrets, chanoine de Saint-Maurice, Bourdigné mourut à Angers le 19 avril 1547.

BOYVIN (1525-1630). — Boyvin (René) naquit à Angers vers 1525; il apprit probablement la gravure à l'hôtel de la Monnaie de cette ville. Les œuvres qui ont fait sa réputation sont : *Le Triomphe de la Vertu et la défaite des Vices; — François Ier montant au temple*

_____

(1) Voir ce sonnet, page 58.

de l'Immortalité; — Énée sauvant son père Anchise, d'après Le Rosso; — Plusieurs sujets tirés de la Bible; — 12 portraits des anciens philosophes et poètes; — Celui de Clément Marot; — L'Histoire de Jason, qui passe pour son chef-d'œuvre. Ses reproductions de tableaux sont bien supérieures à ses portraits, et lui ont assuré une haute réputation. Il mourut plus que centenaire.

GUERRES DE RELIGION

BODIN (1529-1596). — Bodin (Jean) naquit près d'Angers, en 1529, fit ses études à Angers, les termina à Toulouse, y publia ses premiers ouvrages, se rendit à Paris et fit paraître sa *Méthode* pour l'étude facile de l'histoire, où il regarde l'histoire comme l'école de la politique. Dans une réponse au Paradoxe de Malestroit, il défend le libre-échange. En 1571, il est secrétaire des commandements, maître des requêtes et conseiller du duc d'Alençon. Quoique catholique, il n'échappa aux poignards de la Saint-Barthélemy qu'en se réfugiant chez le président de Thou. Procureur du roi à Laon, il fut député du Tiers-État de Vermandois aux premiers États-Généraux de Blois; il y défendit la liberté de conscience avec un vrai courage, et écrivit son *Recueil* de tout ce qui s'est passé en la compagnie du Tiers-État de France. C'est alors que Bodin publia le livre auquel il doit surtout sa réputation : *La République*, où il soutient que les rois n'ont pas le droit d'imposer les peuples sans leur consentement.

Son *Entretien sur les matières de foi* lui suscita des ennuis de toute sorte, et il lui fallut une véritable hardiesse pour le faire imprimer, au risque du feu et de la corde; aussi, quand il mourut de la peste, à Laon (1596), « il fut enterré comme un chien, n'étant ni juif, ni chrétien. » La ville d'Angers a donné son nom à l'une de ses rues.

Un autre Jean Bodin (1766-1829), receveur des finances à Saumur, est l'auteur des *Recherches historiques sur l'Anjou*.

AYRAULT, Pierre (1536-1601). — Ayrault (Pierre) naquit à Angers, en 1536; fit ses études à Paris, à Tou-

louse et à Bourges ; acquit, à Angers, en 1565, la charge
de lieutenant-criminel, qu'il occupa durant cette période
agitée des guerres de religion, où « il a bien faict cou-
per des têtes ». Après l'assassinat de Henri III, il publia
ses *Considérations sur les troubles et les justes moyens
de les apaiser : aux villes de Paris, Rouen, Toulouse,
Orléans, Lyon et autres qui se sont distraites de l'obéissance du roy Henri IV*, appel aux esprits sensés pour
les rallier à la cause du chef de la maison de Bourbon.
En 1594, il adresse au roi lui-même ses *Supplications
et advis au roy Henri IV de se faire catholique*. Mais
il est surtout connu pour son traité *De la puissance
paternelle contre ceux qui, sous prétexte de religion,
volent les enfants à leurs père et mère* (1593-1595). C'est,
des nombreux écrits d'Ayrault, le plus apprécié et celui
qui a le plus fait pour sa mémoire; il l'adressait à son
fils René, entré dans l'ordre des Jésuites. Aux premières réclamations du père, la Société avait répondu
qu'elle ignorait la résidence du fugitif. C'est alors
qu'Ayrault souleva l'opinion par la confidence émue de
ses tristesses. Dans son livre de l'*Ordre ès-accusations
publiques*, Ayrault insiste à réclamer des garanties
pour l'instruction, la libre défense des accusés, la publi-
cité de la procédure et du jugement; il combat l'arres-
tation préventive, et témoigne par là d'un véritable
esprit de justice et de progrès. L'une de ses filles fut
l'aïeule de Gilles Ménage.

LOUET (1540-1608). — Louet (Pierre) naquit à Angers
vers 1540. Son père était lieutenant-général de la Séné-
chaussée d'Anjou, et fut regretté des habitants « d'autant qu'il rendait la justice promptement. » Syndic du
clergé de France, Louet fit partie de la Commission
pour le *démariage* du roi Henri IV; ce fut lui qui porta
la Sainte-Ampoule de Tours à Chartres pour le sacre.
Il fut récompensé de son zèle par une charge de conseiller aux enquêtes du Parlement de Paris; et plus
tard, en 1601, il fut nommé à l'évêché de Tréguier. Il
mourut le 4 novembre 1608, à La Rochelle, empoisonné,
dit-on, par des justiciables du Parlement qu'il poursui-
vait. Son expérience, dans le droit canon, l'avait fait
surnommer le *Petit Pape*; on a de lui un *Recueil d'Arrêts*, qui a fait autorité en la matière.

DU PLESSIS-MORNAY (1549-1623). — Mornay (Philippe de), seigneur du Plessis-Marly, naquit, en 1549, à Buhy (Vexin français), d'un père catholique et d'une mère protestante. A 23 ans, il commence une des carrières les plus actives et les mieux remplies de cette ère de prodigieuse activité, en remettant à Coligny un mémoire poussant à la guerre contre l'Espagne. Il voyait une grande chance de succès dans l'esprit militaire que les guerres civiles avaient développé parmi toutes les classes de la population française. En 1581, il publie le livre de Languet, intitulé : *Défense contre les tyrans, ou du pouvoir légitime du prince sur le peuple et du peuple sur le prince*, écrit vigoureux qui prouve que les rois tiennent leur couronne du peuple, et peuvent la « forfaire par félonie » envers le peuple, comme un vassal forfait son fief envers son seigneur ; et que c'est le droit des États du royaume de déposer et de châtier le roi prévaricateur. Deux ans plus tard, il dénonce à Henri III un libelle d'un archidiacre de Toul, dédié au duc de Lorraine, tendant à établir que les princes lorrains descendaient de Charlemagne et que Capet n'était qu'un usurpateur.

En 1584, Du Plessis-Mornay lui présente encore un « *Mémoire sur les moyens de diminuer la grandeur d'Espagne* », où il propose d'ouvrir au commerce des Indes portugaises la voie de la mer Rouge et de la Méditerranée, avec l'alliance du Turc, pressentant ainsi, près de trois siècles auparavant, l'œuvre de Ferdinand de Lesseps. C'est à sa plume qu'est due la déclaration du 10 juin 1885, contre la Ligue ; dans cet écrit modéré, digne et habile, le roi de Navarre s'adresse à tous les rois, princes, états et nations de la chrétienté, spécialement au roi son souverain seigneur et au peuple de France, pour se justifier à leurs yeux d'être hérétique, relaps, persécuteur de l'Eglise, perturbateur de l'État, ennemi juré de tous les catholiques ; il énonce ce principe que, pourvu que le fonds de bonne conscience y soit, la diversité de religion n'empêche point qu'un bon prince ne puisse tirer très bon service de ses sujets. A la même heure, dans un vif pamphlet, l'*Avertissement sur l'intention et le but de MM. de Guise*, Mornay attaquait leurs projets d'usurpation, et leur imputait tous les malheurs de la France. Théologien et soldat, il mettait ainsi une prodigieuse activité diplomatique au service d'une profonde conviction, et montrait qu'il était vraiment l'âme du parti protestant. Le 3 avril 1589, Du Plessis, au nom du roi de Navarre, signa, à Tours, avec Henri III, une trêve d'un an, et un traité d'alliance remettant Saumur aux huguenots ; le Béarnais fut vivement ému en entrant dans la ville, et ne put cacher sa joie de se voir logé sur cette rivière « tant de fois si peu heureusement tentée. » Gouverneur de Saumur, Mornay rend un signalé service à Henri IV, en transférant à Fontenay le cardinal de Bourbon, le roi de la Ligue.

L'année suivante, nous le retrouvons à *Ivry*, où il a un cheval tué sous lui. L'un des premiers il intervient dans les négociations ayant pour but l'abjuration du roi. Modéré en politique, Mornay n'en restait pas moins le « pape des huguenots. » Autour de Saumur se groupaient les églises suivantes, admises aux synodes provinciaux : Bourgueil, Mirebeau, Tours, Angers, Preuilly, Baugé, l'Ile-Bouchard, Loches, Montreuil-Bellay, Le Puy Notre-Dame. En 1611, les députés des seize provinces de la France protestante se réunirent à Saumur et déférèrent à Du Plessis l'honneur de la présidence. Son habileté fut à la hauteur des circonstances ; il sut écarter momentanément les dangers qui pouvaient résulter, pour son parti, des compétitions personnelles de Bouillon, de Sully, de Rohan, et fit adopter des conclusions tendant à la stricte observation de l'Edit de Nantes dans sa teneur primitive. Enfin, dix ans plus tard, Louis XIII, de passage à Saumur, offrit à Mornay argent et honneurs, jusqu'au bâton de maréchal, en échange de sa démission ; Mornay refusa, se regardant comme comptable, envers ses coreligionnaires, de la place que Henri IV, encore roi de Navarre, lui avait confiée trente-deux ans auparavant. Du Plessis ne devait plus rentrer dans sa chère ville de Saumur ; il mourut deux ans après dans sa terre de la Forêt-sur-Sèvre, près Bressuire. Toute l'Europe protestante regretta en lui un des caractères les plus dignes et les plus respectables qu'ait produits la Réforme. Les Saumurois peuvent lire ce nom glorieux à l'angle de la rue qui conduit à l'antique donjon dont il fut le gardien sans reproche.

RICHELIEU

FEUQUIÈRES (1590-1639). — Feuquières (Manassès
de Pas, marquis de) naquit à Saumur le 1er juin 1590.
Il était fils du premier chambellan de Henri IV, mort à
Ivry, et de Madeleine de La Fayette. Maréchal de camp
à trente-cinq ans, il prit une part active au siège de
La Rochelle (1628). A la mort de Gustave-Adolphe,
Richelieu, poursuivant son dessein d'abaisser la maison
d'Autriche, voulut maintenir l'union des protestants
d'Allemagne entre eux et avec les Suédois ; ce fut Feuquières qu'il envoya au delà du Rhin pour ces importantes négociations. A la diète d'Heilbronn (Wurtem-
berg, sur le Neckar), en 1633, il prit une influence
prépondérante ; fit confier la direction générale du parti
protestant à Oxenstiern, chancelier de Suède, et re-
jeter la candidature de l'électeur de Saxe, prince
« ivrogne, brutal, haï et méprisé de ses sujets et des
étrangers. » Sa mission terminée, Feuquières, aussi
brave guerrier que diplomate habile, reprit un commandement, et fut chargé, en 1639, de faire le siège de
Thionville. Avant que les travaux de circonvallation ne
fussent terminés, le feld-maréchal impérial Piccolo-
mini accourut et força les quartiers français, trop
étendus et incomplètement retranchés. La cavalerie
française s'enfuit presque sans résistance ; l'infanterie,
au contraire, se fit hacher sur place : sur huit mille
fantassins, on compta cinq mille morts. Cette supério-
rité de l'infanterie était un fait nouveau et caractéris-
tique. Feuquières fut pris sur ses canons qu'il défendit
jusqu'à la dernière extrémité (7 juin). Il mourut de cha-
grin plus que de ses blessures. Ses *Lettres et négociations de 1633* ont été publiées.
    Son fils, Isaac, a été ambassadeur en Suède de 1672
à 1682, et à Madrid de 1685 à 1688 ; on a tiré de sa correspondance les *Lettres inédites de Feuquières*. .
    Son petit-fils, *Antoine* (1648-1711), servit sous Luxem-
bourg, Turenne, Catinat, et contribua à la victoire de
Nerwinde (1693), où il commandait en qualité de lieutenant-général. Il a écrit des *Mémoires sur la guerre*,
où Voltaire a puisé pour son Siècle de Louis XIV.

La caserne du château de Saumur porte le nom de quartier Feuquières.

BAUTRU (1588-1665). — Bautru (Guillaume) naquit à Angers en 1588. Il devint conseiller d'État et fut chargé de certaines missions en Angleterre, en Espagne, en Flandre et en Savoie, en qualité d'ambassadeur. « Conducteur » ou introducteur des ambassadeurs à la Cour, servile auprès de Richelieu, il se fit une réputation de bel esprit ; ses bons mots ont été recueillis par Ménage. Il possédait l'intelligence de plusieurs langues à un éminent degré. L'un des premiers il fut de l'Académie française, sans avoir jamais guère écrit que des épigrammes. Il acquit la châtellenie de Serrant et se donna le titre de comte.

SIÈCLE DE LOUIS XIV

MÉNAGE (1613-1692). — Ménage (Gilles) naquit à Angers le 24 août 1613, fut reçu avocat, suivit le Parlement aux Grands-Jours de Poitiers (1634), puis abandonna le barreau pour la littérature. Doué d'une mémoire étonnante, il se livra entièrement à ses goûts studieux et se vit recherché de Huet, de Pélisson, du grand Corneille, de Balzac et de Chapelain. Son esprit le portait vers la critique, mais il ne sut pas éviter les bouffonneries, les basses invectives, l'affectation, le pédantisme et la vanité ; il se fit par là de nombreux ennemis. Le cardinal de Retz se l'attacha en qualité d'historiographe.

Il fut le précepteur de mademoiselle de Rabutin-Chantal, la future marquise de Sévigné. Afin de recevoir l'investiture du doyenné du Chapitre Saint-Pierre d'Angers, une grasse prébende, il entra dans les ordres, sans rien changer à son genre de vie libre et facile. Son érudition était reconnue par tous les savants de France, qui tenaient à honneur de l'aller voir. La reine Christine de Suède ne manqua pas de le demander lors de sa visite à l'Académie française. Mais Ménage, par ses épigrammes, s'était attiré trop de haines pour prendre place parmi les Quarante ; en revanche, sa profonde connaissance de la langue italienne l'avait fait admettre à l'Académie de la Crusca. Molière l'immola sous le nom de *Vadius*, dans les *Femmes savantes* (1672).

Il se plaignit de Colbert dans son *Adieu aux Muses* : « J'ai rempli le monde de mes livres, dit-il ; la Germanie les achète, le Batave les lit, la Bretagne les imprime, Rome, Florence les applaudissent ; j'ai remué l'Hespérie de mes vers toscans, le Gète et le Dèce les chantent, et toute main française les possède ; Colbert seul refuse de reconnaître mon éloquence et mon savoir. » Il reste de Ménage, et cela suffit à sa gloire, les *Origines de la langue française* et les *Observations sur la langue française*, qui établissent sa réputation de profond linguiste. L'histoire de l'Anjou lui doit les biographies des deux Ménage et d'Ayrault, ainsi que l'histoire de Sablé. Il mourut le 23 juillet 1692. Son portrait, peint sur toile, est au musée d'Angers.

LEFEBVRE, Tanneguy (1615-1672). — Lefebvre (Tanneguy) est né à Caen, mais il appartient à l'Anjou par le long séjour qu'il fit à Saumur en qualité de professeur à l'Académie protestante de cette ville. La propriété de Terrefort, sur le coteau du Thouet, lui appartenait. Le Conseil de l'Académie de Saumur le nomma professeur de troisième en 1651, sans lui assurer d'autre traitement que les *minervaux*, c'est-à-dire la rétribution payée par les élèves. En 1665, il se chargea de l'enseignement du grec. Mais, cinq ans plus tard, se révoltant contre la surveillance dont il était l'objet à cause de ses mœurs relâchées, il donna sa démission, non sans s'attirer les reproches du Synode. Il allait partir pour l'Université d'Heidelberg quand une fièvre maligne l'emporta, le 11 septembre 1672. Ménage lui faisait servir par Pélisson une pension annuelle de cent écus ; son traité sur Longin lui avait valu une autre pension de cinq cents écus sur la cassette royale. Presque tous ses ouvrages ont été édités à Saumur. Cette ville possédait à cette époque jusqu'à huit imprimeries. Sa fille, madame Dacier, jouit d'une grande célébrité.

Madame DACIER (1651-1720). — Anne Lefebvre naquit à Saumur en 1651. Elle passa son enfance dans la maison de son père, profitant des leçons qu'il donnait à ses élèves, autant et plus qu'eux-mêmes. Heureux de trouver chez sa fille de grandes dispositions pour l'étude, Lefebvre s'empressa de les cultiver et lui enseigna le latin, puis le grec.

Mariée à M. Dacier, l'un des savants de l'époque, elle ne cessa pas d'étudier; sa réputation devint si grande que Huet, le sous-précepteur du Dauphin, la chargea en même temps que d'autres érudits de rédiger les éditions des auteurs anciens à l'usage de son élève. Elle mit le comble à sa gloire par les traductions de l'*Iliade* et de l'*Odyssée*, traductions qui contribuèrent à faire revenir la plupart des gens du monde du préjugé désavantageux que leur avaient donné, des deux chefs-d'œuvre d'Homère, les copies difformes qu'on en avait faites jusqu'alors; ces traductions procurent à ceux qui ne lisent point l'original cette connaissance sublime qui leur est fermée. Lamotte ayant publié, un peu plus tard, un abrégé de l'*Iliade*, madame Dacier, à l'âge de soixante-trois ans, restant seule de l'avis de l'esprit humain, entra vaillamment en lice contre un adversaire qui avait pour lui la neutralité de Boileau, la jeunesse et la mode. Dans cette lutte si vive, elle ne sut point garder ce bon goût et cette urbanité qui doivent régner dans les discussions littéraires, et se laissa emporter jusqu'à l'injure.

L'histoire de madame Dacier prouve que l'érudition n'est pas plus inaccessible aux femmes que les œuvres d'imagination.

Saumur a la rue Dacier.

BERNIER (1620-1688). — Bernier (François) naquit à Joué (Joué-Étiau) le 26 septembre 1620. Voyageur, philosophe et médecin, c'est un des hommes de lettres qui ont le plus illustré l'Anjou au xviie siècle. L'un de ses bienfaiteurs fut Luillier, qui le mit en rapport avec le philosophe Gassendi. Prévôt de la cathédrale de Digne, Gassendi, célèbre pour avoir combattu la philosophie d'Aristote et renouvelé celle d'Épicure, donnait des leçons à Chapelle, à Molière, à Hesnault; Bernier en profita et devint lui-même répétiteur au Collège royal. De 1647 à 1650, il accompagna à Dantzig l'un de ses amis, chargé d'une mission diplomatique; le retour s'effectua par l'Allemagne et l'Italie, avec séjours à Rome et à Venise. Ayant retrouvé Gassendi malade en Provence, il y resta quelque temps. Sur ces entrefaites, Morin, professeur à la Faculté de Montpellier, mathématicien et astrologue, ayant prédit la mort de Gassendi et critiqué ses ouvrages sur la défense d'Épicure, Bernier prit chaudement la défense de son maître et ridiculisa Morin ; mais il dut céder, de peur des lettres de cachet et de l'excommunication, son adversaire étant le protégé de Mazarin.

Gassendi mourut en 1655 ; alors Bernier s'embarqua pour l'Orient, visita la Palestine, séjourna en Égypte, abandonna son premier projet de pénétrer dans l'Abyssinie, se dirigea vers l'Inde, débarqua à Surate et fut témoin dans l'empire Mogol d'une sanglante révolution qui se termina par le triomphe d'Aureng-Zeb. Médecin de l'empereur, il fit avec lui dans le royaume de Cachemire (1664-1665) un voyage que peu d'Européens ont pu renouveler après lui. Bernier raconte que le vizir Daneck-Mend-Khan passait des journées entières à philosopher avec lui sur Descartes et Gassendi, sur le globe terrestre, sur la sphère, sur l'anatomie. Durant huit années il parcourut l'Inde, et revint par la Perse et la Turquie. La narration qu'il fit de son voyage attira sur lui tous les regards et lui valut les encouragements de Colbert et de Louis XIV ; Voltaire, soixante ans plus tard, désignait Bernier sous le nom de *Mogol*. Vivant dans l'intimité de Chapelle, de Boileau, de Molière, il écrivit la *Requête présentée à la Cour de Parnasse contre tous ceux qui prétendent faire enseigner de nouvelles découvertes qui ne soient pas dans Aristote*. Mais l'œuvre qui mit le sceau à sa réputation fut l'*Abrégé de la philosophie de Gassendi*. Comme La Fontaine, il fut l'un des familiers de madame de la Sablière, et ne cessa de lui écrire. Loin d'avoir perdu son goût pour les voyages, il allait presque chaque année en Provence ou en Languedoc ; il décrivit le canal d'Entre-deux-Mers. Saint-Évremond l'attira en Angleterre ; il se rencontra en Hollande avec Bayle. Il ne put effectuer son dessein de venir se fixer en Anjou, et mourut à Paris. On a attribué la cause de sa mort à une plaisanterie dont il fut l'objet de la part du procureur général de Harlai.

Louis Racine a dit de Bernier : « Jean Racine et ses amis perdirent Bernier en 1688. Comme il était d'un commerce très doux, sa mort fut très sensible à Boileau et à mon père. » Angers a donné à l'une de ses rues le nom de François Bernier.

BABIN (1651-1734). — Babin (François) naquit à Angers en 1651, fit de brillantes études, prit le bonnet de docteur en 1676, et la même année occupa la chaire de théologie à la Faculté d'Angers, dont il devint le doyen en 1710. Comme président de la Conférence publique mensuelle sur les cas de conscience, il en fit un vrai foyer de science théologique. Parvenu à une vieillesse très avancée, son activité ne se ralentit pas dans les charges multiples qu'il dut à la confiance de l'évêque d'Angers. En 1732 il donna la dernière édition des Conférences du diocèse d'Angers, qui comprend vingt-huit volumes.

XVIIIe SIÈCLE ET RÉVOLUTION

FOULON (1715-1789). — Foulon (François-Joseph) est né à Saumur le 25 juin 1715. Il s'attacha au comte d'Argenson, ministre de la guerre, et obtint une charge de commissaire des guerres pendant la campagne de Fontenoy (1745). Il épousa la petite nièce du grand pensionnaire de Hollande. Intendant des armées du roi pendant la guerre de Sept ans ; intendant de la guerre et de la marine sous les ministères de Belle-Isle, Choiseul et Praslin ; conseiller d'Etat, on songea un instant, après la chute de Necker, à lui confier le contrôle général des finances. Mais par sa hauteur il s'était attiré la haine du peuple et de la bourgeoisie. On attribuait, à tort ou à raison, sa grande fortune à des spéculations sur les blés. Pour les pauvres gens, Foulon était l'homme du *Pacte de famine*; pour les bourgeois, l'homme de la banqueroute. On ne doutait pas qu'il ne l'eût faite, si le peuple eût été vaincu au 14 juillet. Après la prise de la Bastille, Foulon se cacha à la campagne. Les paysans, qui le détestaient autant que les Parisiens, découvrirent sa retraite et s'emparèrent de lui. On prétendait qu'il avait dit que, si le peuple avait faim, il n'avait qu'à manger de l'herbe. Les paysans lui mirent une botte de foin sur le dos, un collier de chardons au cou et l'emmenèrent à l'Hôtel de Ville de Paris (22 juillet 1789). La foule, qui encombrait la place de Grève, envahit l'Hôtel de Ville et réclama impérieusement le jugement et l'exécution de Foulon. La Fayette et Bailly s'efforcèrent d'obtenir qu'il fût conduit à la prison de l'Abbaye. Mais les plus furieux parvinrent à l'arracher de la grand'salle et à l'entraîner sur la place de Grève, où ils le pendirent à un réverbère. Foulon mourut, victime expiatoire et du pacte de famine de Louis XV et, plus encore, des treize banqueroutes de la monarchie. Il passait pour l'homme qui eût fait la quatorzième. La longue patience publique s'était changée en implacable fureur. Sa tête, portée au bout d'une pique, devait le soir même frapper de terreur son gendre Berthier, dont la fin fut aussi tragique.

Foulon avait acquis la baronnie de Doué; sous son influence, le pays se transforma, la ville fut dotée d'un champ de foire et d'une fontaine monumentale, la campagne plantée de peupliers d'Italie, alors peu connus en Anjou. On conserve son portrait dans la grande salle de l'Hôtel de Ville de Doué.

DU PETIT-THOUARS (1760-1798). — Du Petit-Thouars (Aristide-Aubert) est né au château du Boumois, près Saumur. Son frère, Louis, qui n'avait voulu laisser nulle part « un seul brin d'herbe à qui il n'eût donné un nom », parcourut, tout en herborisant, l'île de France, Madagascar, Bourbon, et resta toujours en relations avec de Jussieu. Plus jeune que Louis, Aristide, au collège de La Flèche, s'exaltait déjà à la lecture de Robinson. Au sortir de l'École militaire de Paris, il fut admis comme garde-marine à Rochefort; il s'embarqua une première fois à Brest, sur le *Fendant*, et assista au combat d'*Ouessant* (1778). A la paix il visita les côtes d'Angleterre, Chypre, Alexandrie, la Grèce et l'Archipel. Le bruit s'étant répandu de la perte de Lapeyrouse, il forma le projet d'armer un navire pour aller à la recherche de la *Boussole* et de l'*Astrolabe*. Afin de recueillir des souscriptions dans ce but, il lança un prospectus où éclatait naïvement sa passion pour les aventures de la navigation. Sa fortune et celle de son frère Louis furent englouties dans l'entreprise; il réussit enfin à mettre à la mer un vaisseau, le *Diligent* (1792), et à faire voile pour l'Amérique, dans le dessein de doubler le cap Horn, et d'atteindre les îles de l'océan Pacifique. En chemin, il toucha aux îles Madère et du Cap-Vert, et laissa des secours en argent aux malheureux insulaires qui lui manifestèrent leur reconnaissance de la manière la plus touchante. Mais l'épidémie décima son équipage, et Du Petit-Thouars dut se réfugier dans l'île Fernando de Noronha, où les Portugais le dépouillèrent, avant de l'envoyer à Fernambouc et ensuite à Lisbonne. Il obtint alors du Portugal une indemnité dérisoire de 3,000 francs, qu'il s'empressa d'abandonner à ses compagnons. Il était décidé à essayer du métier de corsaire quand, sur le point de s'embarquer à Toulon, on lui offrit le commandement du *Tonnant* dans l'expédition d'Egypte (1798). Le 1er et le 2 août, (14 et 15 thermidor, an VI), il combattit à *Aboukir.* Pendant que, vaincu par Nelson, l'amiral Brueys, sur l'*Orient,* se faisait sauter plutôt que de se rendre, Du Petit-Thouars, assailli par quatre vaisseaux anglais, affreusement mutilé, se fit mettre dans un tonneau de son, et excita jusqu'à la fin son équipage, en défendant d'amener le pavillon. Ce trait d'héroïsme a fait le sujet d'un tableau de Biard. On a publié les *Mémoires et voyages du chevalier Aristide Du Petit-Thouars, composant l'histoire de sa vie jusqu'au moment où il s'est enseveli sous les débris du vaisseau le Tonnant, qu'il commandait au combat d'Aboukir.* Saumur a donné à l'une de ses rues et à l'une de ses places le nom glorieux de Du Petit-Thouars.

GUERRE DE VENDÉE

CATHELINEAU (1759-1793). — Cathelineau (Jacques) est né au Pin-en-Mauges le 5 janvier 1759; son père était maçon; maçon lui-même, puis voiturier et marchand colporteur, il avait parcouru tous les villages des Mauges quand éclata le soulèvement de Saint-Florent, le 12 mars 1793. D'un enthousiasme naïf et d'une foi sincère, il appela ses amis et ses proches, et recruta les valets de ferme, les métayers et les domestiques. A la tête de 200 hommes, il prit le château de Jallais, où il s'empara du fameux canon dit le *Missionnaire*. Le 14 mars, il entra dans Chemillé, et se trouva bientôt à la tête de 3.000 hommes. Réuni à Stofflet, le 15, il se rendit maître de *Cholet;* le 16, de *Vihiers*; le 19, de *Chalonnes-sur-Loire*. Dès les premiers jours d'avril, l'armée vendéenne comptait 16,000 hommes. Cathelineau battit Leygonier, le 16 avril, à Cholet; le 23, s'empara de *Beaupreau*; prit part à l'assaut de *Thouars* le 5 mai, défit Chalbos, mais fut complètement battu, avec d'Elbée, le 16 mai, à *Fontenay*. Le 26, il y prit une revanche éclatante. Se dirigeant ensuite sur Saumur, Cathelineau culbuta, le 7 juin, à *Concourson*, les troupes de Leygonier; le 8, à *Montreuil-Bellay*, il battit le général Salomon. Le 9, l'armée vendéenne attaqua Saumur, franchit la Loire, et le 12, acclama Cathelineau comme généralissime. Ce choix d'un homme du peuple est à noter, dans une armée où prenaient rang des nobles comme La Rochejacquelein, d'Elbée, Bonchamps, Lescure. Cathelineau s'assura de Chinon et de Loudun, puis porta tous ses efforts sur *Nantes*, la grande cité bretonne, où il arriva le 24 juin. Le 29, avec 300 hommes, il entra dans la ville par la porte de Rennes, et pénétra jusque sur la place Viarme, où il fut atteint d'une balle en pleine poitrine. Les Vendéens le transportèrent, mourant, à Ancenis, puis à Saint-Florent, où il expira le 4 juillet 1793, laissant après lui une telle tradition de respect qu'on l'appelait le *saint de l'Anjou*.

On lui éleva un monument sur la place du Pin-en-Mauges; il n'en reste plus que des débris.

BONCHAMPS (1760-1793). — Bonchamps (Charles, marquis de) est né au château du Crucifix, commune de Juvardeil, le 10 mai 1760. Il servit dans l'Inde (1782-1785) en qualité d'officier dans le régiment des grenadiers d'Aquitaine. Au moment où éclata la Révolution, retiré dans ses terres près Saint-Florent, il ne voulut pas émigrer. Il céda au mouvement populaire du 12 mars 1793, plutôt qu'il ne le dirigea. L'un des chefs les moins convaincus, il devint le premier tacticien de la guerre civile de Vendée. De concert avec La Rochejaquelein et Cathelineau, il se porta sur Bressuire et Thouars; fut blessé à Fontenay ; vit tomber Cathelineau à Nantes, mais ne lui succéda pas ; accepta l'élection de d'Elbée comme généralissime ; fut blessé près des *Ponts-de-Cé*, prit part, le bras en écharpe, à la bataille de *Torfou*, défit les républicains à *Montaigu* ; fut battu par eux à *Clisson* et à *Saint-Symphorien* (22-30 septembre 1793) ; se battit encore à *Bégrolles* le 17 octobre, aux côtés de d'Elbée ; tomba frappé d'une balle dans la poitrine, et fut de là transporté à Saint-Florent. Ici se place le trait qui a rendu fameux le nom de Bonchamps. Cinq mille prisonniers, entassés sur le plateau de Montglonne, autour de l'église de Saint-Florent, allaient être fusillés par les insurgés vendéens, quand Bonchamps, près d'expirer, donna l'ordre de les épargner. Cet ordre sauva la vie à ces 5,000 républicains ; l'opinion libérale en a conservé précieusement le souvenir. On peut voir, dans l'église de Saint-Florent, la statue du général en marbre blanc, l'un des chefs-d'œuvre de la sculpture contemporaine, dû au ciseau de David d'Angers. Le glorieux blessé est représenté sur son brancard funèbre, à demi soulevé sur le bras gauche, et, de la main droite, donnant l'ordre de grâce attesté par deux armées.

Ce fut là son dernier acte ; il expira dans la barque qui le transportait sur la rive droite du fleuve, le 18 octobre 1793.

D'ELBÉE (mort en 1794). — Elbée (Maurice Gigost d'), né en Saxe, s'est fait un nom dans la guerre de Vendée. Son père possédait le domaine de la Loge-Vaugirault, paroisse de Saint-Martin-de-Beaupreau. D'Elbée y vivait dans les pratiques de la plus grande dévotion, quand éclata le soulèvement du 12 mars 1793. Il prit part aux premiers combats, avec Cathelineau et Stofflet ; fut chassé de *Chemillé* par Berruyer, le 11 avril ; détruisit l'armée de Gauvilliers, près de *Beaupreau*, le 22 ; fut blessé à Thouars ; contribua à l'élection de Cathelineau après la prise de Saumur ; s'empara, à l'attaque de Nantes, du faubourg de Nort, le 27 juin ; dirigea la retraite sur Mortagne ; fut élu généralissime le 19 juillet ; battit les Mayençais, le 19 septembre, à *Torfou* ; et tomba criblé de blessures, à côté de Bonchamps, le 17 octobre, dans les champs de *Bégrolles*. Il fut transporté à Noirmoutiers, et y fut fusillé le 3 janvier 1794. On a attribué son ascendant sur les Vendéens à ses interminables oraisons; les paysans « le regardaient comme la bannière. »

RÉVOLUTION. — EMPIRE. — RESTAURATION.

D'AUTICHAMP (1770-1859). — Beaumont d'Autichamp (Charles, comte de) naquit au château d'Angers le 8 août 1770. Il refusa le serment en 1789, émigra d'abord, puis se fit admettre dans la garde constitutionnelle de Louis XVI, où le trouva la journée du 10 août. Il prit part à l'insurrection vendéenne, rejoignit son cousin Bonchamps, assista au siège de Nantes, le 27 juin 1793; aux combats de *Mûrs* et d'*Erigné*, le 26 juillet; de *Chantonnay*, le 5 septembre; de *Torfou*. Au passage de la Loire, il prit le commandement; blessé au Mans, il ne revint en Anjou qu'après la pacification. Mais il reprit les armes avec Stofflet, le remplaça au 1er mars 1796, et traita enfin avec Hoche. Élu membre du collège électoral de Maine-et-Loire, en l'an X, il accepta la mairie d'Écouflant, où était son château de Beuzon. A la Restauration, le roi Louis XVIII le nomma lieutenant-général de ses armées, pair de France, commandant de la 22e division militaire à Tours, et de la 11e à Bordeaux. Il fit partie du corps expéditionnaire envoyé en Espagne (1823), conseilla en 1830 la retraite du roi sur la Vendée, et vint enfin habiter son château de la Rochefaton près Parthenay. D'Autichamp a écrit des *Mémoires pour servir à l'histoire de la campagne de 1815 dans la Vendée.*

BOURMONT (1773-1846). — Bourmont (Louis, comte de Ghaisne de) naquit le 2 septembre 1773 au château de Bourmont, commune de Freigné. Après avoir servi dans les gardes françaises, il suivit son père, qui avait émigré, d'abord à Turin, puis à Coblentz. Lieutenant de Scepeaux en Vendée et dans la Mayenne, il accepta la paix, avec ses 4,000 chouans, le 29 thermidor an IV. Le comte d'Artois le créa chevalier de Saint-Louis, et lui confia le commandement du Maine et du Poitou : sa bande s'empara du Mans le 16 octobre 1790, et mit la ville au pillage. Incarcéré après l'explosion de la ma-

chine infernale (1800), il réussit à s'évader et se réfugia
en Portugal. Grâce à l'intervention de Junot, il put
reprendre du service; sous le prince Eugène, il fit la
campagne de Russie, et il fut nommé général de division, le 13 février 1814, pour sa belle défense de *No-
gent*. Le gouvernement royal lui confia la 18e division
militaire, à Besançon. Pendant les Cent-Jours, il obtint
le commandement d'une division, sur la Moselle, en
mai 1815. C'est à cette date que se place l'épisode qui
a fait classer Bourmont parmi les traîtres. Le 15 juin,
trois jours avant la bataille de Waterloo, il abandonna
son corps d'armée, gagna le camp ennemi et rejoignit
Louis XVIII à Gand. En admettant qu'il n'ait pas livré
aux Prussiens le plan d'attaque de Napoléon, sa seule
présence dans les lignes des Alliés ne suffisait-elle pas
à indiquer le mouvement des troupes françaises? Le gouvernement du roi lui conserva son grade de général de
division. En cette qualité, Bourmont prit part à la guerre
d'Espagne, occupa Séville, fut nommé pair de France
(1823) et prit le commandement en chef de l'armée
d'occupation. Ministre de la guerre dans le ministère
Polignac, il dirigea l'expédition d'Afrique en 1830. A la
prise d'*Alger*, il fut nommé maréchal de France. Après
dix ans d'exil, il put rentrer en Anjou; il mourut dans
son château de Bourmont, le 27 octobre 1846.

DE LA BOURDONNAYE (1767-1839). — François-
Régis de la Bourdonnaye naquit le 19 mars 1767, au
château de la Varenne, près Champtoceaux; l'écusson
de sa famille a une place dans la salle des Croisades, à
Versailles. Il entra en 1786 au régiment des *chevaliers
du poignard*, qui compromit Louis XVI par son exalta-
tion; il émigra à l'armée de Condé, en octobre 1791,
puis en Suisse; revint à son château de Mézengeau,
près Drain, en 1802; fut nommé conseiller général;
contribua, en cette qualité, à « acclimater » la conscription dans la contrée: soutint au Conseil général
l'Adresse à Bonaparte pour l'hérédité de la couronne
(1806); présida cette assemblée en 1813 et 1814; fut élu
député de Maine-et-Loire le 26 août 1815; et fit ainsi
partie de la *Chambre introuvable*, où, surnommé l'homme
aux catégories, il se signala par les motions les plus
violentes, demandant partout « des fers, des bourreaux,

des supplices. » A cette réaction de la *Terreur blanche*
n'étaient pas étrangères les nobles dames du faubourg
Saint-Germain, ce qui fit dire que « les brodeuses de
1815 renouvelaient les tricoteuses de 93. » Jusqu'en
1829, la conduite du fougueux député, ce *Jacobin blanc*,
fut assez inexplicable, et lorsque, le 8 août 1829, Charles X lui offrit le portefeuille de l'Intérieur, il put dire
que « c'était pour essayer des gens qui se plaignent
toujours. » La Bourdonnaye, dans ce ministère ultra-
royaliste, ne put s'entendre avec le président du conseil Polignac, et donna bientôt sa démission. La révolution de 1830 le rendit à la vie privée, et c'est dans son
château de Drain qu'il est mort, le 28 juillet 1839.

PROUST (1754-1826). — Proust (Joseph) naquit à
Angers le 26 septembre 1754. Son père était maître
apothicaire ; son frère aîné, Joachim, s'était fait connaître par son zèle pour la Révolution, et devint membre
du premier conseil municipal d'Angers en 1790, ainsi
que du Comité révolutionnaire. Joseph Proust se rendit
à Paris pour achever ses études de pharmacie, fut re-
marqué par Lavoisier, devint pharmacien en chef de la
Salpêtrière, participa aux premières expériences sur les
ballons aérostatiques, et accompagna Pilastre du Rozier
dans son ascension du 23 juin 1783. Il occupa pendant
vingt ans la chaire de chimie, à l'école d'artillerie de
Ségovie ; les Espagnols, en 1808, mirent sa maison au
pillage, en haine de l'envahisseur. Retiré à Craon, il fut
élu à l'Académie des Sciences, en remplacement de
Guiton de Morveau (1816). Il s'acquit une grande noto-
riété dans le monde des savants par sa lutte courtoise
contre Berthollet, et fit triompher sa théorie des équi-
valents chimiques, établissant que *les corps, en se com-
binant, s'unissent dans des proportions fixes*. On lui
doit, en outre, la découverte du sucre de raisin. Il fut
nommé chevalier de la Légion d'honneur en 1819. Son
buste en bronze, de David d'Angers, a été fondu aux
frais d'une souscription publique.

WALSH (1782-1860). — Walsh (Joseph-Alexis, vi-
comte de), fils du comte de Serrant, qui s'était fait connaître par une polémique avec Volney, naquit au château de Serrant le 25 avril 1782, et suivit son père, émigré

à Liège. L'empereur le nomma inspecteur de la librairie pour l'Ouest ; la Restauration l'appela au poste de commissaire du roi près la monnaie de Nantes, et ensuite à la direction des postes dans la même ville. A partir de 1830, il se livra entièrement à la polémique militante ; il prit rang dans la presse royaliste par la publication de ses *Lettres vendéennes*, et participa à la fondation de l'*Encyclopédie catholique*. On a de lui un très grand nombre d'écrits, entre autres la *Relation du voyage de S. A. R. Madame, duchesse de Berry, dans la Touraine, l'Anjou, la Bretagne, la Vendée et le Midi de la France*; et les *Journées mémorables de la Révolution*, où il ne cesse de soutenir avec chaleur la cause de la légitimité. Il mourut à Paris le 11 février 1860.

XIXᵉ SIÈCLE

BÉCLARD (1785-1825). — Béclard (Pierre-Augustin) est né à Angers, le 12 octobre 1785, d'une famille de petits commerçants. Lui-même, après avoir achevé ses premières études, entra dans une maison de commerce à Tours, puis dans un bureau de messageries à Angers. Mais son amour de l'étude le fit admettre comme élève interne à l'hôtel-Dieu d'Angers, puis à l'école pratique de Paris. Il recueillit la succession de Dupuytren, comme chef des travaux anatomiques à la Faculté de médecine ; docteur-chirurgien à la Pitié, professeur à la Société philomathique, il se livra tout entier à l'enseignement de l'anatomie. On dit qu'il prenait la peine de préparer pendant quatre heures chacune de ses leçons, toutes remarquables par la précision et la clarté. Il mit le sceau à sa réputation en publiant son cours à la Faculté, sous le titre d'*Eléments d'anatomie générale*. Il mourut le 16 mars 1825, après dix jours d'une affection cérébrale aiguë ; dans son délire, il se croyait dans sa chaire, parlant à ses élèves. Béclart aimait à rendre service ; il encourageait les jeunes gens, aussi tous ses élèves lui étaient-ils dévoués. Plus de deux mille étudiants suivirent son cortège jusqu'au Père-Lachaise. Son buste en marbre, de David, est au musée d'Angers.

DOVALLE (1807-1829). — Dovalle (Charles) naquit

à Montreuil-Bellay le 23 juin 1807, fit ses études au collège de Saumur, où l'on créa pour lui un prix de poésie, fut reçu licencié en droit à Poitiers et de là se rendit à Paris. Après avoir publié diverses poésies dans le *Mercure de France* et dans le *Figaro*, il s'attacha définitivement à la rédaction du *Journal des Salons*, où il écrivait sous divers pseudonymes. A la suite d'une misérable querelle, il se battit en duel avec un directeur de théâtre et fut frappé mortellement. Par souscription, un monument en marbre blanc fut érigé sur sa tombe au cimetière Montparnasse. Ses œuvres ont été publiées dans un volume ayant pour titre *Le Sylphe*, avec une lettre de Victor Hugo (1830).

Dovalle était doué d'une sensibilité extrême et de cette candeur d'illusions que le génie seul a l'heureux privilège de conserver toujours. Légère à la fois et mélancolique, pleine d'une grâce ineffable, d'une naïveté virginale, sa poésie, toute d'inspiration, n'est pour ainsi dire qu'une confidence intime, une révélation, un parfum de son cœur.

Témoin les vers qui suivent :

> L'aile ternie et de rosée humide,
> Sylphe inconnu, parmi les fleurs couché,
> Sous une feuille, invisible et timide,
>   J'aime à rester caché.
>
> Le vent du soir me berce dans les roses ;
> Mais quand la nuit abandonne les cieux,
> Au jour ardent mes paupières sont closes ;
>   Le jour blesse mes yeux.

Dovalle avait reçu les encouragements de Béranger. Le portefeuille que portait le poète, et qu'a traversé la balle fatale, est conservé à la bibliothèque de Saumur.

BÉRARD (1802-1846). — Bérard (Auguste), chirurgien, naquit le 1ᵉʳ août 1802, à Varrains, près Saumur, fit ses études à Angers et se rendit à Paris, pour se mettre sous la direction de son frère Pierre-Honoré, interne des hôpitaux. L'histoire de sa vie n'est que l'énumération des prix qu'il remporta et des thèses qu'il dut soutenir dans divers concours : prix d'anatomie et de physiologie à la Faculté, prix de clinique interne et de médecine légale, thèse de doctorat et d'agrégation ;

Bérard fut un savant distingué, un maître aimé, tristement enlevé au milieu de sa carrière. Son éloge fut prononcé par Dumas à l'Académie, dans la séance du 3 novembre 1847.

DAVID, d'Angers (1788-1856). — David (Pierre-Jean) est né à Angers le 2 mars 1788, dans une pauvre maison de l'ancienne rue de l'Hôpital. Son père, sculpteur sur bois, était du nombre des prisonniers républicains qui, à Saint-Florent, durent la vie à Bonchamps. Malgré les répugnances paternelles, l'enfant obtint de suivre les cours de l'Ecole centrale, puis d'aller à Paris travailler sous la direction du peintre Louis David et du sculpteur Roland. Il gagnait vingt sous par jour aux travaux d'ornementation de l'Arc du Carrousel et du Louvre; puis, rentré le soir dans sa mansarde, il modelait encore les peintures de Nicolas Poussin, parfois jusqu'à l'aube. Le conseil municipal d'Angers lui ayant accordé une pension annuelle de six cents francs, David put s'adonner entièrement à son art. En 1811, il remporta le premier grand-prix de Rome avec son *Epaminondas mourant*, et partit pour l'Italie. Il y séjourna cinq ans, visitant Florence, Venise, Bologne, Naples, Pompéi et Herculanum. Peu après son retour, le sculpteur Roland étant venu à mourir, David fut chargé de terminer la statue du grand Condé. Ce chef-d'œuvre, respirant la force et l'héroïsme, est aujourd'hui placé dans la cour d'honneur de Versailles. Le succès fut immense. Dès lors aux chefs-d'œuvre succèdent les chefs-d'œuvre : les monuments de Bonchamps et du général Foy, du roi René et de Fénelon, ouvrent à l'artiste les portes de l'Académie; en 1826, il est professeur à l'Ecole des Beaux-Arts. En juillet 1830, il prend part aux trois journées; l'année suivante il épouse la petite fille de La Réveillère-Lepeaux; en 1848, élu membre de l'Assemblée constituante, il accepte les fonctions gratuites de maire du XIe arrondissement, ce qui lui permit de dire plus tard : «Je n'ai coûté à la République qu'une écharpe.»

Expulsé en 1851, il parcourut la Grèce : lorsqu'il put rentrer en France, grâce à l'intervention de Béranger, il voulut revoir sa ville natale, qu'il a tant aimée; il applaudit à l'emplacement de la statue du *Roi René*, et fut profondément touché du soin respectueux qui présidait à l'entretien du musée David. Il mourut à Paris le 6 janvier 1856. Son œuvre incomparable a été recueilli en grande partie au musée d'Angers, grâce à la libéralité même de l'artiste; il comprend 55 statues 150 bustes, 70 bas-reliefs, 20 statuettes, 500 médaillons et d'innombrables dessins. Le poète des *Feuilles d'automne* a chanté David, d'Angers, dans des vers impérissables :

> Va! que nos villes soient remplies
> De tes colosses radieux!
> Qu'à jamais tu te multiplies
> Dans un peuple de demi-dieux;
> Fais de nos cités des Corinthes...

Et dans les *Rayons et les Ombres* :

> La forme au statuaire! Oui, mais tu le sais bien,
> La forme, ô grand sculpteur, c'est tout et ce n'est rien :
> Ce n'est rien sans l'esprit, c'est tout avec l'idée...
>
> Voilà ce que tu sais, ô noble statuaire!
> Toi qui dans l'art profond, comme en un sanctuaire,
> Entras bien jeune encor pour n'en sortir jamais!
> Esprit qui, te posant sur les plus purs sommets,
> Pour créer ta grande œuvre, où sont tant d'harmonies,
> Pris de la flamme aux fronts de tous les fiers génies!

Le plus grand artisan des apothéoses en ce siècle a reçu à son tour le tribut d'un monument triomphal. La statue en bronze de David, d'Angers, depuis le 24 octobre 1880, orne la place voisine du Jardin du Mail.

CONTEMPORAINS

DE FALLOUX (1811-1886). — Falloux (Frédéric, comte de) est né à Angers le 11 mai 1811. Il fit ses études au collège de cette ville, puis au collège de Bourbon. Dès 1830, nous le voyons entreprendre une série de voyages à travers l'Europe, d'Édimbourg à Vienne, de Rome à Moscou. Les spectacles de la nature, les chefs-d'œuvre de l'art ne le laissent pas indifférent ; mais l'effort de son attention est ailleurs. Ce sont les sociétés qu'il étudie, les hommes, et parmi les hommes, ceux-là surtout qui exercent ou qui sont appelés à exercer une action sur les destinées de leur pays. Admis

dans l'intimité de madame Swetchine, avec Montalem-
bert, Lacordaire et de Toqueville, il prend complètement possession de lui-même, et fait comme une déclaration de ses principes de gouvernement dans
Louis XVI, et l'*Histoire de saint Pie V*. M. de Falloux
essaye de justifier historiquement ce que la morale
publique ne lui permet pas d'absoudre : « La tolérance,
dit-il, prenant à tâche de glorifier l'Inquisition et
d'en justifier tous les moyens ; la tolérance n'était pas
connue des siècles de foi, et le sentiment que ce mot
nouveau représente ne peut être rangé parmi les
vertus que dans un siècle de doute. Autrefois il y
avait, en immolant l'homme endurci dans son erreur,
toute chance pour que cette erreur disparût avec lui,
et que les peuples demeurassent dans la paix de l'or-
thodoxie. » L'ardeur de ses opinions soutenues avec
éclat plaçait M. de Falloux, dans son parti, au premier
rang des militants.

En 1846, les portes de la Chambre des députés lui
furent ouvertes par l'arrondissement de Segré. Il entra
à l'Assemblée de 1848 en maître exercé et déjà sûr de
lui. Esprit à la fois énergique et insinuant, opiniâtre et
souple, d'une rare habileté et d'une persévérance inflé-
xible, il y montra les qualités d'un chef de parti, et
acquit dans l'Assemblée une influence hors de propor-
tion avec la force numérique du groupe royaliste auquel
il appartenait spécialement. Il attacha son nom à la
dissolution immédiate des ateliers nationaux, mesure
malheureuse qui eut pour effet, du jour au lendemain,
de jeter cent mille hommes sur le pavé, et de préparer
peut-être les journées de juin. Membre du premier ministère de Louis-Napoléon Bonaparte (20 décembre 1848), il fit voter sur l'enseignement une loi qui
portait une grave atteinte aux droits de l'Université. Le
coup d'État rendit M. de Falloux à la vie privée. Il se
consacra à l'agriculture, et il y porta, comme en toute
chose, le besoin d'une action raisonnée. Si le seigneur
du Bourg-d'Iré a adopté pour ses troupeaux le type
Durham, pour ses vergers le système Dubreuil, c'est
que le système Dubreuil dans l'arbre fruitier supprime
une grande partie du bois au profit du fruit, comme le
type Durham réduit, dans le bœuf, autant qu'il se peut
faire, les os, les pattes et les cornes au profit de la

viande; en un mot, qu'ici et là, le superflu est sacrifié à l'utile. Membre de l'Académie française, son éloge à été prononcé par son successeur, M. Gréard, le vice-recteur de l'Académie de Paris, dans la séance du 19 janvier 1888. De M. de Falloux orateur, ce remarquable discours contient le portrait suivant : « M. de « Falloux se présentait, à la tribune, les yeux à demi-« clos, impassible, dans une sorte de recueillement. Sa « voix harmonieuse et douce de la douceur angevine, « son geste élégant et sobre pacifiait les esprits. Egale-« ment préparé à se réserver ou à tout dire, aucun inci-« dent ne troublait son sang-froid; se redressant sous « le coup d'une interpellation injurieuse, il la repous-« sait avec une hauteur qui coupait court à la réplique : « en face du péril, allant jusqu'au bout de sa pensée, il « la gravait dans une formule tranchante; certaines de « ses réponses sont entrées dans l'histoire, et c'est à « l'histoire aussi qu'appartiennent les actes d'énergie « dont il soutenait ses résolutions. »

M. de Falloux est mort le 6 janvier 1886, à Angers, impasse des Jacobins.

BEULE (1826-1874). — Beulé (Charles-Ernest) est né le 29 juin 1825 à Saumur, où il a fait ses premières études. Élève de l'École Normale, agrégé des lettres, il fut nommé professeur de rhétorique à Moulins, puis envoyé à l'École française d'Athènes. Ses fouilles pour rechercher les propylées de l'Acropole causèrent une vive sensation dans le monde savant. Ayant pris le grade de docteur, il occupa la chaire d'archéologie à la Bibliothèque impériale (1854). Beulé entra en 1860 à l'Académie des Inscriptions et Belles-Lettres. En 1862, contre Berlioz, il fut élu secrétaire perpétuel de l'Académie des Beaux-Arts. Élu représentant de Maine-et-Loire à l'Assemblée nationale, en 1871, il siégea au centre droit; vota, le 24 mai 1873, l'ordre du jour qui provoqua la chute de Thiers, et accepta le portefeuille de l'Intérieur. Son administration n'ajouta rien à sa réputation d'écrivain et d'érudit. Le 26 novembre 1873, il fut remplacé par M. de Broglie; et le 4 avril 1874 il fut trouvé mort dans sa chambre, frappé de deux coups de couteau en plein cœur; on n'a pu établir les causes de ce suicide. Ses principaux ouvrages sont : l'*Acropole* d'Athènes, *Études sur le Péloponèse*, *le Procès des Césars*, et ses *Causeries sur l'Art*.

CHEVREUL (1786-1888). — Michel-Eugène Chevreul, fils d'un médecin distingué, est né à Angers le 31 août 1786.

Après avoir fait ses études à l'École centrale d'Angers, où il eut pour émule Béclard, il vint à Paris, et entra dans la fabrique de produits chimiques de Vauquelin, comme directeur du laboratoire.

Préparateur du cours de chimie au Muséum d'histoire naturelle, en 1810, il fut nommé successivement professeur au lycée Charlemagne, professeur de l'Université, professeur de chimie spéciale à la manufacture des Gobelins, et enfin, en 1830, il succéda à son maître Vauquelin dans la chaire de chimie au Muséum d'histoire naturelle.

Président de la Société d'agriculture, chargé de l'administration du Muséum, il protesta publiquement, pendant le siège de Paris, contre le bombardement qui causa de véritables ravages dans les serres et les galeries du Jardin des Plantes. Le 10 février 1879, il fut admis à la retraite comme directeur du Muséum, mais il conserva sa chaire de professeur jusqu'en 1887.

Pendant les quatre-vingts ans qu'il passa au Muséum, Chevreul se consacra entièrement à l'étude des corps gras et des matières colorantes.

Dès 1823, il publia ses *Recherches chimiques sur les corps gras d'origine animale*, travail admirable qui devait le conduire à la découverte des bougies stéariques, et qui lui valut un prix de 12,000 fr. à l'Académie des Sciences. C'est d'ailleurs tout le profit que tira l'illustre savant de cette découverte qui a enrichi tant d'industriels en Europe, car Chevreul ne chercha jamais à spéculer sur ses recherches scientifiques.

En 1864, il publia un traité *Des couleurs et de leurs applications aux arts industriels, à l'aide des cercles chromatiques*. Quant à ses articles du *Journal des Savants*, ils ne se comptent plus.

Élu membre de l'Académie des Sciences en 1826, en remplacement de Proust, il fut promu successivement au grade de commandeur de la Légion d'honneur en

1844, de grand-officier en 1865, et de grand'croix le 5 janvier 1875.

Chevreul aimait, dans les dernières années de sa laborieuse carrière, à se dire le *Doyen des étudiants de France*. Les fêtes de son centenaire, le 1er septembre 1886, furent célébrées à Paris avec le plus grand éclat; sa statue fut inaugurée au Muséum, en présence de toutes les notabilités de la politique et de la science. La vie de l'illustre chimiste fut chantée par Armand Sylvestre, dans ces vers :

> Droit au faîte du siècle, où, comme au front d'un temple,
> Ton nom luit dans l'encens des honneurs immortels,
> Doux vieillard que la Grèce eût honoré d'autels,
> Nous saluons en toi la gloire et notre exemple.

Le 9 avril 1889, à l'âge de cent deux ans, M. Chevreul est mort, en sa demeure, rue Cuvier, à Paris.

Il était Membre de l'Institut, Président du Comité consultatif des Arts et Manufactures, Président de la Société centrale d'agriculture, Membre de la Société royale de Londres, Directeur honoraire du Muséum d'histoire naturelle, ancien Directeur des teintures de la manufacture nationale des Gobelins, Membre de plusieurs sociétés savantes, Grand'croix de la Légion d'honneur, Grand'croix de l'Ordre royal de l'Étoile polaire; Grand'croix de l'Ordre impérial de la Rose du Brésil, Grand'croix de l'Ordre de la Couronne d'Italie, Commandeur de l'Ordre du Christ, etc.

Angers doit lui élever une statue.

Voici le sonnet que tout écolier angevin doit savoir par cœur :

> Heureux qui, comme Ulysse, a fait un long voyage,
> Ou comme celui-là qui conquit la Toison,
> Et puis est retourné, plein d'usage et raison,
> Vivre entre ses parents le reste de son âge!
>
> Quand reverrai-je, hélas! de mon petit village
> Fumer la cheminée, et en quelle saison
> Reverrai-je le clos de ma pauvre maison
> Qui m'est une province, et beaucoup davantage ?

Plus me plaît le séjour qu'ont bâti mes aïeux
Que des palais romains le front audacieux ;
Plus que le marbre dur me plaît l'ardoise fine,

Plus mon Loire gaulois que le Tibre latin,
Plus mon petit Liré que le mont Palatin,
Et plus que l'air marin la douceur angevine.

QUESTIONNAIRE

———

I. — Où eut lieu la défaite des Andes et de leur chef Duratu?

II. — Nommez un évêque et un moine célèbres ayant vécu vers l'an 460.

III. — Quel commandement Charlemagne confia-t-il à son neveu Roland ? — Racontez le passage des Pyrénées à Roncevaux.

IV. — Racontez la mort de Robert le Fort à Brissarthe.

V. — 1. Dites quelques mots de l'an 1000 en Anjou. — 2. Parlez du fondateur de l'abbaye de Fontevrault. — 3. Quelle est l'origine de la dynastie des Plantagenets?

VI. — 1. Comment René d'Anjou devint-il duc du Bar et de Lorraine? puis comte de Provence et roi de Sicile? — 2. Quelle fut la première femme de René d'Anjou, et quel voyage fit-elle dans le midi de l'Europe ? — 3. A qui attribue-t-on les premières levées de la Loire? — 4. A quelle guerre civile d'Angleterre fut mêlée Marguerite d'Anjou? — Dites les provinces que Louis XI réunit à la couronne de France.

VII. — En quelle année Poyet fut-il nommé Grand-Chancelier? — A quelle importante ordonnance a-t-il collaboré? — Quelles sont les principales innovations édictées dans cette ordonnance? — 2. Quelle est l'œuvre capitale de Joachim Dubellay? — Où écrivit-il ses *Regrets*? — 3. Par quel livre Bourdigné s'est-il fait connaître? — 4. Nommez un graveur angevin de la Renaissance.

VIII. — 1. Quels sont les principaux ouvrages de Jean Bodin? — Qui a écrit les *Recherches historiques sur l'Anjou*? — 2. Quelles sont les théories d'Ayrault dans son livre de l'*Ordre ès accusations publiques*? — 3. Quel surnom donna-t-on à Louet? et pourquoi? — 4. De quelle ville Du Plessis-Mornay fut-il gouverneur pendant 32 ans? Comment l'a-t-on surnommé?

IX. — A quelles négociations Feuquière prit-il part ? — A quelle bataille s'est distingué son petit-fils? — 2. Quelle charge occupa Bautru? — Quel domaine acheta-t-il en Anjou?

X. — 1. Quel livre de Ménage mérite d'être cité? — 2. Nommez l'un des plus célèbres professeurs de l'Académie protestante

Saumur. — 3, Quelles traductions publia Mme Dacier ? — Quel parti prit-elle dans la querelle des Anciens et des Modernes ? — 4, Quel voyage fit Bernier ? — Quel livre écrivit-il sur la philosophie ? — Nommez quelques-uns de ses amis illustres. — 5. Quelle chaire Babin occupa-t-il à la Faculté d'Angers ?

XI. — 1. Quelles charges Foulon remplit-il sous Louis XV ? sous Louis XVI ? — Comment mourut-il ? Quel jour ? — 2. Quel voyage entreprit Du Petit-Thouars ? A la recherche de quel navigateur français ? A quelle grande bataille navale prit-il part ? — Racontez sa mort héroïque.

XII. — 1. Racontez l'épopée de Cathelineau de Saint-Florent à Nantes. — 2. Quel trait a illustré Bonchamps ? — Décrivez le monument qui a été élevé en son honneur. — 3. Où d'Elbée fut-il fusillé ?

XIII. — 1. Quel conseil d'Autichamp donna-t-il à Charles X en 1830 ? — 2. Quel rôle joua Bourmont à Waterloo ? — Quand fut-il nommé maréchal de France ? — 3. De quelle Chambre La Bourdonnaye a-t-il fait partie en 1815 ? — 4. Quelle théorie chimique Proust a-t-il fait prévaloir. — 5. De quelle cause Walsh se fit-il le défenseur ?

XIV. — 1. Quel ouvrage a fait la réputation de Béclard ? — 2. Dites le titre du recueil des poésies de Dovalle. — Récitez-en 2 quatrains. — 3. Où est né Bérard ? — 4. Quels furent les commencements de David d'Angers ? — Qu'est-ce que le musée David ? — Sur quelle place d'Angers est sa statue ?

XV. — 1. De quel parti M. de Falloux a-t-il été l'âme ? — Quelle loi porte son nom ? — Quel est son successeur à l'Académie française ? — 2. Par quelles recherches Beulé s'est-il illustré ? — Parlez des débuts de Chevreul. — Quelle application l'industrie tira-t-elle de ses études sur les corps gras ? — A quel âge mourut-il ?

FIN

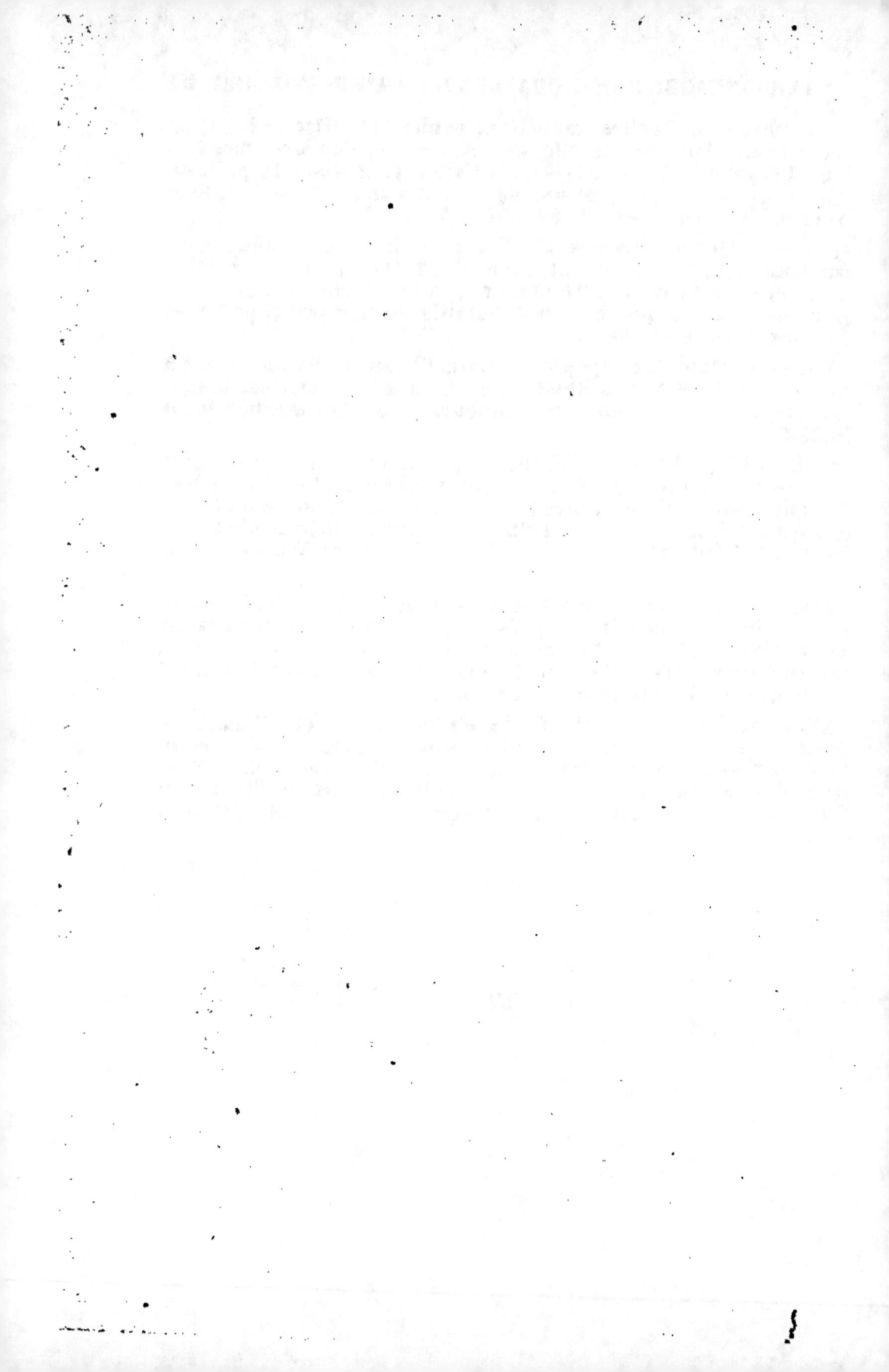

TABLE ALPHABÉTIQUE

DES PERSONNAGES REMARQUABLES DU MAINE-ET-LOIRE

ÉMILE COLIN — IMPRIMERIE DE LAGNY

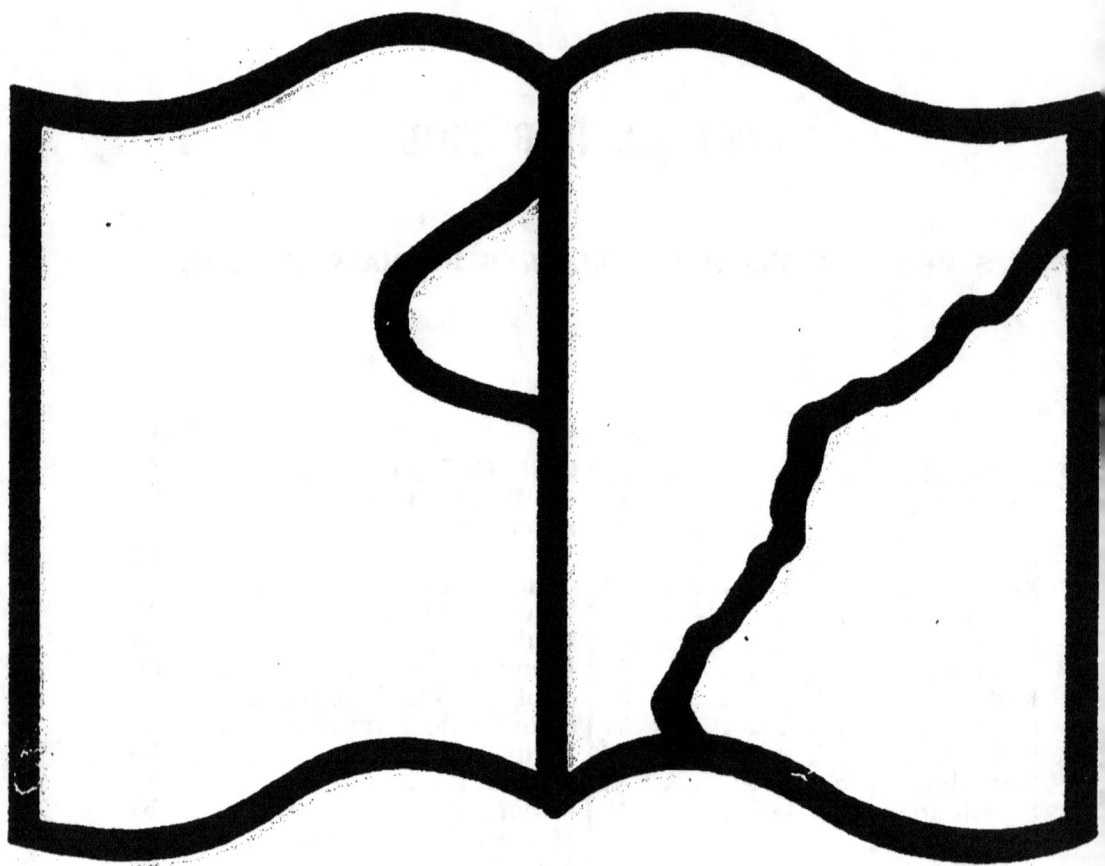

Texte détérioré — reliure défectueuse

NF Z 43-120-11